어린이 과학형사대 CSI 10

초판 1쇄 발행 | 2009년 12월 16일
개정판 1쇄 발행 | 2024년 9월 2일

지은이 | 고희정
그린이 | 서용남
감 수 | 곽영직

펴 낸 곳 | (주)가나문화콘텐츠
펴 낸 이 | 김남전
편 집 장 | 유다형
편   집 | 김아영
디 자 인 | 양란희
마 케 팅 | 정상원 한웅 정용민 김건우
경영관리 | 임종열

출판 등록 | 2002년 2월 15일 제10-2308호
주   소 | 경기도 고양시 덕양구 호원길 3-2
전   화 | 02-717-5494(편집부) 02-332-7755(관리부)
팩   스 | 02-324-9944
홈페이지 | ganapub.com
이 메 일 | ganapub@naver.com

ⓒ 고희정, 2009

ISBN 978-89-5736-493-2 (74400)
     978-89-5736-440-6 (세트)

* 책값은 뒤표지에 표시되어 있습니다.
* 이 책의 내용을 재사용하려면 반드시 저작권자와 (주)가나문화콘텐츠 양측의 동의를 얻어야 합니다.
* 잘못된 책은 구입하신 서점에서 바꾸어 드립니다.
* '가나출판사'는 (주)가나문화콘텐츠의 출판 브랜드입니다.

- 제조자명 : (주)가나문화콘텐츠
- 주소 및 전화번호 : 경기도 고양시 덕양구 호원길 3-2 / 02-717-5494
- 제조연월 : 2024년 9월 2일
- 제조국명 : 대한민국
- 사용연령 : 4세 이상 어린이 제품

어린이 과학형사대 CSI 10

CSI여, 영원하라!

글 고희정 · 그림 서용남
감수 곽영직

주인공 소개

박춘삼 교장 (68세)

어수선 형사 (36세)

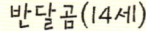

반달곰(14세)

- 어린이 형사 학교 교장. 똑똑한 어린이들을 모아 CSI를 만든다. 게으르고 잠꾸러기여서 교장실에서 주로 하는 일은 코 골며 잠자기.

- 박춘삼 교장의 조수 겸 형사. 항상 말 많고 어수선하고 덤벙대서 문제를 잘 일으킨다. 그러나 역시 사건이 터지면 박춘삼 교장과 환상의 콤비로 행동한다.

- 동식물에 대한 지식이 깊다. 행동이 아주 느리지만 순수하고 착한 시골 아이. 곰과 비슷한 정도로 덩치가 크고, 힘도 아주 세서 힘쓸 일은 도맡아 한다.

나혜성(15세)

한영재(14세)

이요리(15세)

- 백과사전과 같은 잡학의 달인으로, 특히 우주와 지구에 대해 잘 알고 있다. 얼짱 꽃미남이지만 엄청난 잘난 척과 대단한 이기심을 가진 왕재수.

- 물리적 현상에 대한 지식과 기계 다루는 솜씨가 뛰어나다. 이미 고등학교 물리, 수학 문제를 다 풀 정도의 뛰어난 영재. 끈질긴 성격과 대단한 집중력이 있다.

- 화학적 현상에 대한 지식이 해박하다. 게다가 무엇이든 실험해 봐야 직성이 풀리는 불굴의 실험 정신을 지니고 있다. 요리를 좋아하고 재능도 많다.

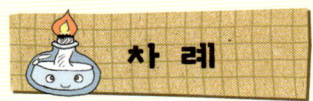

차 례

 CSI, 네 꿈을 찾아라! • 6

 사건 1 : 두 친구 이야기 • 12
  핵심 과학 원리 – 불완전 연소
  요리가 들려주는 사건 해결의 열쇠 • 38

사건 2 : 신비한 비석의 진실 • 42
  핵심 과학 원리 – 기압에 따른 날씨 변화
  혜성이가 들려주는 사건 해결의 열쇠 • 68

 사건 3 : 한밤의 총소리 • 72
  핵심 과학 원리 – 소리의 반사와 흡수
  영재가 들려주는 사건 해결의 열쇠 • 98

 사건 4 : 노숙자의 이상한 죽음 • 102
  핵심 과학 원리 – 신경계
  달곰이가 들려주는 사건 해결의 열쇠 • 130

 사건 5 : 시한폭탄을 제거하라! • 134
  핵심 과학 원리 – 밀도
  요리가 들려주는 사건 해결의 열쇠 • 160

CSI여 영원하라! • 164

특별 활동 : CSI, 함께 놀며 훈련하다! • 170

찾아보기 • 180

그리고 나는 그동안 참 많이 변했다.
외로운 까칠남에서 다른 사람을 이해하고 감쌀 줄
아는 부드러운 남자가 되었다고나 할까?

하지만 내 가슴 깊은 곳에는 아직도 우주로 향한 큰 꿈이 남아 있다.

나는 어렸을 때부터 물리와 수학을 좋아했다.
학교 내에서도 영재로 불리며 이름값을 단단히 했다.

그러나 나는 친구 하나 없는 왕따였고, 어린이 형사 학교도 아빠 때문에 어쩔 수 없이 들어왔다.

게다가 여기 들어온 후로 키도 작고 힘도 없던 내가 몰라보게 건강하고 적극적인 사람이 되었다.

그러나 막상 해 보니, 형사, 정말 매력 있는 일이었다. 뭐든지 궁금한 건 풀어 내고야 마는 내 성격과 딱 맞았다.

나는 그저 모든 게 고맙다. 지리산에서 할머니와 단둘이 살면서 가난해서 중학교 가기도 힘들었던 형편에 서울까지 유학을 오게 되었으니 말이다.

게다가 꿈에도 상상하지 못했던 미국에, 일본까지 가 보았으니!

이제 내 꿈은 그저 할머니를 모시고 좋아하는 동물과 식물을 마음껏 돌보며 사는 것이다.

그러니 도대체 어찌 한단 말인가!

아아~, 머리 복잡해!

아이고, 머리야.

■ 핵심 과학 원리 – 불완전 연소

사건 1

두 친구 이야기

"일산화탄소 중독이라는데, 정말 이해가 안 가. 멀쩡했던 아궁이가 왜 갑자기 그랬는지. 그리고 이 방, 어제까지도 우리가 잤던 방이야. 이제껏 아무 문제 없었다고."

국토 순례를 떠나다!

1월 2일, 오전 6시. 아이들은 전라남도 해남행 첫 번째 고속버스에 올랐다. 아직 잠이 덜 깬 어리벙벙한 상태로 배웅 나온 박 교장과 부모님에게 손을 흔들고 나니, 버스는 금세 고속 도로로 올라섰다.

이제 시작이다. 장장 7박 8일, 700킬로미터에 걸친 국토 순례의 대장정. 그리고 지금, 그 출발지인 전라남도 해남 땅끝 마을로 가고 있는 것이다. 웬만하면 놀러 간다고 좋아하기도 할 텐데, 표정을 보니 모두 걱정이 태산. 그러나 고속버스는 이름값을 하려는지 거침없이 내달렸다.

그렇게 5시간 10분. 드디어 해남 고속버스 터미널에 도착한 아이들과 어 형사는 근처 식당에서 이른 점심을 먹고 두륜산으로 향했다. 한반도 제일 끝에 있는 산 정상에서 국토 순례를 시작하는 의식을 치르자는 어 형사의 나름 센스 있는 제안 때문이다.

케이블카를 타고 두륜산 정상인 고계봉에 오르니, 동남쪽 넓은 평야 뒤쪽으로 희미하게 남해 바다가 보였다. 정말 여기가 끝은 끝인가 보다.

"국토 순례의 멋진 성공을 위하여, 파이팅!"

"파이팅!"

어 형사의 선창에 모두 파이팅을 외치고 나니 아이들은 이상하게도 가슴 깊은 곳에서 뭔가 끓어오르는 느낌이 들었다.

'무슨 일이 있어도 해남에서 고성까지 꼭 완주하리라!'

　산에서 내려온 아이들과 어 형사는 곧바로 바닷가에 있는 수리네 집으로 갔다. 오늘 밤은 거기서 자고 내일 아침 일찍 출발하기로 했다.
　"아이고, 어서 오세요. 잘 왔다. 어서 들어와라, 어서."
　수리 부모님이 맨발로 뛰어나와 반겨 주었다. 수리도 잔뜩 흥분된 표정. 그도 그럴 것이, 선배들이 수리네 집에 온다는 말을 듣고 다른 후배들 모두 엄청 부러워하지 않았던가!
　잠시 후, 싱싱한 해산물로 차린 맛난 저녁을 뚝딱 해치운 아이들은 수리와 함께 겨울 바다로 산책을 나갔다. 이제야 여행 온 느낌. 남쪽이라 그런지 바닷바람도 그리 차지 않고 아주 상쾌했다.
　그런데 즐겁게 산책을 마치고 막 집으로 돌아왔을 때였다.

옆 동네에 산다는 수리의 친구, 송혜진이 수리를 기다리고 있었다.

"수리야, 나 좀 도와줘."

뭔가 아주 급박한 표정, 심상치 않은 분위기. 수리가 물었다.

"왜? 무슨 일인데?"

"아저씨가, 아저씨가 잡혀갔어. 있잖아, 서울에서 온 아저씨."

이야기를 들어 보니, 혜진이네 동네에 6개월 전 서울에서 내려온 젊은 부부가 있는데, 어제 그 집에 온 손님이 오늘 새벽에 일산화탄소 중독으로 혼수상태에 빠졌다는 것. 그래서 손님은 곧바로 시내 병원으로 옮겨지고 그 부부도 경찰에 가서 조사를 받고 돌아왔는데, 방금 전 다시 경찰이 오더니 아저씨를 살해 혐의자로 잡아갔다는 것이다.

"살해 혐의자? 그럼 그 아저씨가 일부러 죽이려고 했단 말이야?"

"그런가 봐. 하지만 그 아저씨, 절대 그런 사람 아니야. 나한테도 얼마나 잘해 주셨는데. 우리 엄마도 그러셨어. 뭔가 오해가 있을 거라고. 수리야, 네가 좀 도와줘. 너 형사 학교 다니잖아, 응?"

그러자 수리는 난감한 표정이 되었다. 아무리 어린이 형사

학교에 다닌다 해도 이제껏 실제로 수사를 해 본 적이 거의 없으니, 선뜻 그러겠다고 나서지 못하는 것이다. 하지만 아이들도 도와줄 수 없는 상황. 내일은 자전거를 타고 두 번째 목적지인 광주까지 130킬로미터나 가야 해서 아침 일찍 떠나야 한다.

결국 혜진이는 잔뜩 실망한 표정으로 돌아갔다. 아이들도 수리도 영 마음이 무거웠다. 그때 영재가 물었다.

"그런데 왜 일산화탄소를 마시면 중독이 되지?"

달곰이가 대답했다.

"핏속의 적혈구에는 산소를 운반하는 헤모글로빈이 있어. 일산화탄소는 헤모글로빈과 결합하는 힘이 산소보다 약 300배나 강해. 그래서 우리가 들이마시는 공기 중에 일산화탄소가 있으면 헤모글로빈이 산소 대신 일산화탄소와 결합하지. 그러면 몸속의 각 조직에 산소 공급이 제대로 되지 못하면서 여러 가지 중독 증상이 나타나게 돼."

"어떤 증상이 나타나는데?"

영재가 다시 물었다.

"두통, 현기증, 메스꺼움 등이 나타나고, 심하면 기억 상실이나 언어 장애, 마비가 오기도 하지. 1600ppm 이상의 일산화탄소에 2시간 이상 노출되면 사망할 수도 있어."

"헉, 무섭다!"

영재가 놀라자 요리가 말을 덧붙였다.

"일산화탄소는 공기와 잘 섞이는 데다가, 색깔도 없고 냄새도 없어서 공기 중에 섞여 있어도 알 수 없어. 그러니 밀폐된 곳에서 자다가 일산화탄소에 노출되면 저도 모르게 중독되는 거지."

> **헤모글로빈이란?**
> 척추 동물의 적혈구에 들어 있는 색소 단백질이야. 사람의 핏속에는 1mL에 약 500만 개의 적혈구가 들어 있고, 1개의 적혈구 속에는 약 300만 개의 헤모글로빈이 들어 있지. 헤모글로빈은 폐나 아가미에서는 산소와 결합하고 조직 세포에 가서는 산소와 떨어짐으로써 몸 구석구석에 산소를 운반하는 중요한 역할을 해.

그나저나 요리는 자꾸 혜진이의 실망한 표정이 떠올랐다. 오죽 답답했으면 수리를 찾아왔을까? 물론 그건 달곰이도 마찬가지였다. 시골에 오니 왠지 고향에 온 것 같고 마을 사람들이 다 고향 사람들 같아 도와주지 못하는 것이 더욱 마음 아팠다. 결국 아이들은 어 형사를 조르기 시작했다.

"딱 반나절만 주세요. 네?"

"중간에 한 번도 안 쉬고 갈게요. 네?"

그러니 우리의 마음 약한 어 형사, 결국 허락하고 만다.

"좋아. 해결하든 못하든 오후 1시에는 출발할 거니까 그렇게 알아."

"네!"

모두 신 나서 큰 소리로 대답하자, 수리의 얼굴도 환하게 밝아졌다.

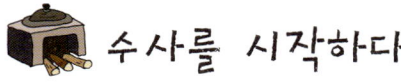 수사를 시작하다

벌써 깜깜해진 밤. 그래도 아이들은 그냥 앉아 있을 수 없었다. 곧바로 어 형사는 경찰서로, 요리와 달곰이는 병원으로, 혜성이와 영재, 수리는 혜진이를 따라 그 젊은 부부의 집으로 향했다.

집에 가 보니 부인 박수미가 혼자 집을 지키고 있는데, 방금 전까지 울었는지 얼굴이고 눈이고 퉁퉁 부어 있었다. 혜진이가 세 사람을 소개하자, 박수미는 지푸라기라도 잡는 심정인 듯 말했다.

"제발 좀 도와줘. 우린 정말 아무 잘못도 없어. 정말이야."

"상황을 좀 더 자세히 말씀해 주세요."

혜성이의 말에 박수미는 마음을 가라앉히더니 이야기를 시작했다.

일산화탄소 중독으로 혼수상태에 빠진 남자는 바로 집주인 아저씨 조진욱의 오랜 친구인 장우현. 어제 낮에 부부를 만나기 위해 서울에서 내려왔다가 하룻밤 자기로 했다. 오랜만에 만난 반가운 친구라 부부는 평소 자신들이 쓰던 방을 내 주고, 자신들은 옆방에서 잤다는데…….

"아침에 밥을 하러 부엌에 들어갔는데, 매캐한 연기가 차 있고 갑자기 어찔하더라고. 그래서 얼른 나왔는데, 순간 이상한 생각이 드는 거야. 그래서 남편을 깨웠지. 남편이 놀라서 아궁이 불을 껐어. 그러고 나서 생각해 보니까 남편 친구가 옆방에서 자고 있잖아. 혹시나 하는 생각에 얼른 들어가 보니, 이미 정신을 잃고 있었어."

그래서 곧바로 119에 신고했고, 병원으로 옮겼다고 한다.

"일산화탄소 중독이라는데, 정말 이해가 안 가. 멀쩡했던 아궁이가 왜 갑자기 그랬는지. 그리고 이 방, 어제까지도 우리가 잤던 방이야."

이제껏 아무 문제 없었다고. 먼 길 온 친구, 따뜻한 방에서 재우고 싶은 마음에 그런 건데. 우리가 죽였다니, 정말 말도 안 돼. 흑흑흑."

혜성이와 영재는 일단 집 안을 둘러보았다. 부부가 오래된 낡은 집을 빌려 조금 수리한 것이라는데, 양쪽으로 방이 하나씩 있고, 그중 한 방 바로 옆에 부엌이 딸린 전형적인 시골집이었다.

사고가 난 방은 바로 부엌 옆에 있는 방. 부엌에 들어가 아궁이 속을 들여다보니, 까맣게 그을린 숯이 잔뜩 들어 있고 밖으로는 아직 타다 남은 굵은 장작이 여러 개 삐져나와 있었다. 어젯밤 장작을 꽤 많이 땐 듯.

그리고 사고가 난 방으로 들어가 보니, 세 평 정도의 작은 크기에 위쪽으로 창문이 하나 나 있는데, 그나마도 굳게 닫혀 있었다. 그러니 부엌에서 새어 들어온 가스가 빠져나갈 구멍이 없었을 것이다.

'그나저나 도대체 어디를 통해 부엌의 가스가 새어 들어왔을까? 구들장을 통해 들어왔나?'

혜성이는 종종 일산화탄소 중독 기사에서 구들장에 난 틈으로 가스가 새어 들어온 게 원인이었다는 것을 본 기억이 났다. 바로 그때였다.

"선배! 선배!"

수리가 부엌에서 부르는 소리가 들렸다. 영재와 혜성이가 가 보니, 수리가 방과 부엌을 연결하는 작은 문을 가리키며 말했다.

"선배, 이 문이 열려 있어요."

방에서 봤을 때에는 몰랐는데, 다시 보니 꼭 눌러 닫지 않았는지 살짝 틈이 보였다. 역시 수리의 눈썰미는 보통이 아니다.

"그렇다면 이 문틈을 통해 방으로 가스가 들어갔을 확률이 높겠네."

영재의 말에 박수미는 깜짝 놀라며 말했다.

"어, 그 문이 왜 열려 있지? 우린 안 쓰는 문인데."

"안 쓰는 문이라고요?"

"그래, 바깥으로 다니지. 그 문은 잘 안 써."

그럼 이 문을 누가 열었단 말인가! 박수미가 아니라면 남편인 조진욱? 하기야 이 집에 처음 온 장우현이 눈에 잘 띄지도 않는, 그것도 부엌으로 난 문을 열었을 리는 없겠지. 혜성이가 말했다.

"일단 지문 채취부터 하자."

혜성이와 영재는 문 양쪽에 난 지문을 채취했다. 이제껏 별 문제 없었다니, 구들장을 통해 가스가 방으로 스며들었을 확률은 낮다. 그렇다면 살짝 열린 문틈으로 가스가 스며들었을 확률이 훨씬 더 높다.

그러니 누가 문을 열었는지는 아주 중요하다.

조진욱과 장우현

한편, 경찰서로 간 어 형사는 사건을 맡은 홍 반장을 만났다.

"물론 우리도 처음엔 단순 사고로 처리했죠. 그런데 서울에서 피해자 부인이랑 어머니가 내려오더니 난리가 난 거예요. 일부러 죽인 거라고. 들어 보니, 조진욱 씨가 피해자에게 돈을 많이 빌렸는데, 사업이 망하자 몰래 도망갔다는 거예요. 그동안 여기저기 찾아다니다 여기 있는 걸 겨우 알아내 어제 만나러 내려왔는데, 갑자기 일산화탄소 중독으로 혼수상태에 빠졌다니. 피해자 가족이 의심할 만하죠."

결국 조진욱은 피해자 가족에 의해 살인 미수로 신고된 상황. 게다가 피해자의 혈액 검사 결과 혈중 알코올 농도가 꽤 높게 나왔다고 한다. 그래서 일부러 술을 먹여 재운 후 일산화탄소 중독으로 위장하여 살해하려고 했는지를 조사하는 중이라고 했다. 어 형사가 조진욱을 만나고 싶다고 하자, 홍 반장은 조진욱을 불러 주었다.

"장우현 씨한테 빌린 돈을 갚지 않고 이곳에 왔다는데 사실입니까?"

어 형사가 묻자 조진욱은 괴로운 표정으로 대답했다.

"사실입니다. 사업하면서 빌렸는데, 갑자기 부도가 나는 바람에 재산 다 정리해서 은행 빚과 사채를 갚고 나니, 친구 돈을 못 갚았어요.

서울에서 살 돈도 없고, 배라도 타서 빨리 돈 벌어 갚겠다는 생각에 내려왔는데, 면목이 없어서 얘기도 못하고 왔어요."

"이유야 어떻든 돈 안 갚고 몰래 도망친 거 아닙니까?"

어 형사가 정곡을 찌르듯 묻자 조진욱은 고개를 떨구며 대답했다.

"네, 결국 그렇게 된 거죠."

"장우현 씨가 내려와서 뭐라고 하던가요? 돈 갚으라고 하던가요?"

그러자 조진욱은 갑자기 눈물이 그렁그렁 맺히더니, 아무 대답도 못했다. 그러고는 한참 후, 어렵게 말문을 열었다.

"어제 낮에 갑자기 우현이가 찾아왔을 때에는 솔직히 당황했어요. 돈 받으러 왔는지 알고 덜컥 겁도 났죠. 그런데 우현이 녀석, 날 보자마자 어떻게 한 줄 아세요? 어떻게 이렇게 살면서 연락 한 번 안 했냐고, 내가 돈 달랠까 봐 그랬냐며 울더라고요. 그러면서 우리 우정이 이것밖에 안 됐냐고, 내가 없어진 후에 혹시 어디 가서 자살이라도 한 게 아닌가 해서 여기저기 찾아다니고 걱정을 많이 했다는 거예요. 얼마나 고맙던지……. 부모님 일찍 돌아가시고 세상 천지에 가까운 친척 하나 없는 나를 언제나 옆에서 도와준 친구예요. 그런 고마운 친구를 어떻게 죽여요? 내가 짐승이 아닌 다음에야 절대 그럴 수 없죠. 흑흑흑."

그렇게 오랜만에 만난 두 친구는 그동안의 서운함을 씻어 버리는 마음으로 함께 술을 마셨다고 했다. 그러고는 밤이 늦어 하룻밤 자고 올라가라고 했는데, 이런 끔찍한 일이 벌어질 줄은 꿈에도 몰랐다는 것.

"왜 하필 어젯밤 그런 끔찍한 일이 벌어졌는지. 여하튼 친구를 이 지경에 몰아넣었으니, 내 죄가 커요. 내 죄가. 흑흑흑."

서럽게 흐느끼는 조진욱. 그의 태도로 보아 친구를 살해할 정도로 나쁜 사람 같지는 않았다. 그렇다고 단순 사고라고 하기엔 석연치 않다.

한편, 병원으로 찾아간 요리와 달곰이. 장우현은 아직 혼수상태로 오늘 밤이 고비라고 한다. 장우현의 부인과 어머니는 중환자실 앞에서 하염없이 눈물만 흘리고 있었다.

"진욱이 그 녀석, 일찍 부모 여의고 불쌍해서 거둬 줬더니만 돈 다 떼어먹고 도망을 가지 않나, 그것도 모자라 이제 우리 우현이까지 죽이려고 하다니……. 천벌을 받아야 해. 천벌을!"

장우현의 어머니가 흥분해 울부짖자, 장우현의 부인이 얼른 말렸다.

"아유, 어머니. 진정하세요. 혈압 오르면 큰일 나요."

"지금 내 아들이 다 죽게 생겼는데, 혈압이 문제야. 아이고, 우현아! 우현아!"

들어 보니, 장우현과 조진욱은 둘도 없는 친구 사이. 그래서 조진욱의 사업이 어려워지자 장우현은 아버지에게 유산으로 받은 땅까지 팔아 가며 조진욱에게 돈을 빌려 줬다고 한다. 그런데 그 금쪽 같은 돈을 그대로 떼어먹고 도망을 간 것. 그래서 여기저기 찾아다닌 끝에 6개월 만에 해남에 산다는

것을 알아냈고, 그저께 돈을 받으러 내려갔다는데…….

"저녁 6시쯤 전화가 왔어. 그런데 벌써 술이 거나하게 취한 목소리였지. 내가 술 마셨냐고 하니까 친구랑 조금 마셨다고 하더라고. 내가 지금 같이 술 마실 때냐, 돈 받아서 빨리 오라고 했더니, 알았다면서 오늘은 늦었으니 자고 온다는 거야. 정말 황당하고 화가 났지. 친구한테 또 홀딱 넘어가서 그러냐고 소리를 질렀더니, 그냥 전화를 끊어 버렸어. 다시 걸어도 받지도 않고……. 그러더니 결국 이렇게……. 흑흑. 그때 내 말만 들었어도 이런 꼴은 안 당했을 텐데……. 분명히 집에 간다는 사람 술 먹여서 붙잡아 놓고 죽이려고 한 거야. 돈 안 주려고."

듣고 보니, 일리 있는 말이다. 혜진이의 말을 들었을 때에는 조진욱이 누명을 쓴 거라고 생각해서 도와주겠다는 마음으로 시작했는데, 전후 사정을 듣고 나니 누명을 쓴 것이 아닐 수도 있다는 생각이 들었다.

그렇다면 정말 피해자 가족의 주장대로 조진욱이 돈을 갚지 않기 위해 사고로 위장, 장우현을 살해하려고 한 것일까?

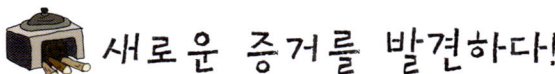

새로운 증거를 발견하다!

혜성이와 영재가 경찰서에 지문 감식을 의뢰하고 수리네 집에 돌아온 때는 벌써 11시가 훌쩍 넘은 시간. 아이들은 각자 조사한 내용을 함께 나누며 사건 분석에 들어갔다. 먼저 달곰이가 자신의 의견을 말했다.

"조진욱은 범인이 아니라고 생각해. 조진욱이 장우현을 죽인다고 돈을 갚지 않아도 되는 건 아니잖아. 부인도 있고 어머니도 있으니까. 게다가 자기 집에서 일산화탄소 중독을 위장해 죽이는 건 너무 겁 없는 행동 아닐까? 이렇게 금방 의심을 받게 되는데 말이야."
그러자 영재가 동의하고 나섰다.
"나도 그렇게 생각해. 솔직히 지금 상황에서 조진욱이 장우현을 살해하려고 했다는 명백한 증거도 없잖아."
맞는 말이다. 하지만 혜성이는 반대 의견을 내놓았다.
"그걸 더 이용했을 수도 있지. 일산화탄소 중독은 겨울철에 흔히 일어나는 사고 중 하나야. 그러니 위장하기 훨씬 쉽지. 게다가 살해 도구가 필요 없고, 실패하더라도 크게 문제 될 것도 없잖아."
그러자 요리가 잔뜩 고민하는 표정으로 말했다.
"우선 중요한 문제는 어떻게 다른 때보다 훨씬 더 많은 일산화탄소가 나왔느냐는 거야. 문틈을 통해 가스가 방으로 들어왔다 치더라도 중독될 정도로 일산화탄소가 많이 나왔다면 장작불이 불완전 연소했다는 말인데, 왜 그렇게 됐느냐는 거지. 그걸 알아내야만 우연한 사고였는지, 아니면 조진욱의 계획적인 범행이었는지 알아낼 수 있어."
그러자 달곰이가 물었다.
"불완전 연소?"
"응. 물질이 타는 것, 즉 '연소'는 물질이 산소와 빠르게 반응해 빛과 열을 내는 현상을 말해. 연소 과정에서 산소가 충분히 공급되면 산소(O) 두 개와 탄소(C) 한 개가 결합해 이산화탄소(CO_2)가 생기지만, 산소가 부족하면 산소 한 개와 탄소 한 개만 결합해 일산화탄소(CO)가 생겨."

요리가 설명하자 영재가 말했다.

"그럼 결국 산소 부족이 일어났다는 말이네."

혜성이도 덧붙였다.

"가서 보니까 장작을 엄청 많이 땠더라고. 게다가 부엌도 별로 크지 않던데, 그럼 산소 부족이 일어나지 않았을까?"

"물론 그랬을 수도 있지. 여하튼 내일 다시 가서 불완전 연소를 일으킬 만한 다른 문제가 없었는지 찾아봐야겠어."

다음 날 아침, 밝자마자 아이들은 조진욱의 집을 찾았다. 박수미는 밤새 잠을 못 잤는지 하룻밤 새에 얼굴이 핼쑥했다. 요리가 물었다.

"어제 아침에 부엌에 들어가자마자 매캐한 연기가 차 있고 어찔했다고 하셨죠? 그전엔 그런 적이 한 번도 없었나요?"

"그래, 한 번도 없었어."

"장작을 어디에 쌓아 두시죠? 좀 봤으면 좋겠는데."

박수미는 장작을 쌓아 둔 뒤뜰로 아이들을 안내했다.

일산화탄소 중독 치료법

일산화탄소에 중독된 사람을 발견하면 제일 먼저 신선한 공기가 있는 곳으로 옮겨야 해. 증세가 심하면 100% 산소를 마시도록 해야 하지. 현재 병원에서는 고압 산소 치료기를 이용해 일산화탄소를 빨리 제거하고 장기의 기능을 유지하도록 치료하고 있어. 하지만 증상이 며칠이나 몇 주일 후에도 계속 나타날 수 있고 무엇보다도 영구적인 뇌 손상이 올 수도 있으니까 계속 관찰, 치료해야 돼.

요리는 덮여 있는 큰 비닐을 걷고 장작을 만져 보았다. 다 말라 있다.

"이 비닐은 항상 덮어 놓으세요?"

"항상은 아니고, 비가 오거나 하면 얼른 덮지. 젖으면 안 되니까."

"그럼 젖은 장작을 쓴 건 아니네."

요리가 혼잣말처럼 중얼거리자 달곰이가 물었다.

"왜 젖은 장작을 쓰면 안 돼?"

"응, 젖은 장작은 불완전 연소를 일으키거든."

그러더니 이번에는 부엌으로 들어가는 요리. 아궁이 위 부뚜막에는 커다란 솥이 올려져 있는데, 솥 밑과 아궁이 주변이 그을음으로 시커멓게 덮여 있었다. 불완전 연소가 많이 일어났다는 증거.

"다른 때보다 장작을 많이 피우셨나요? 아직 덜 탄 장작도 있네요."
요리의 질문에 박수미는 고개를 끄덕이며 대답했다.
"응. 자기 전에 피웠는데, 혹시 새벽에 추울까 해서 새벽 4시쯤이었나? 남편이 일어나서 장작을 한 번 더 집어넣었어."

바로 그때였다. 요리의 눈에 번쩍 띄는 것이 있었으니, 부뚜막 위에 놓인 주황색 플라스틱 바가지. 지금이야 불이 꺼져 있지만 불을 땐 상태에서 부뚜막은 상당히 뜨거울 텐데, 플라스틱 바가지를 올려놓았다?

요리는 바가지를 들어 유심히 살폈다. 그런데 밑바닥이 조금 눌어붙어 있는 것이 아닌가! 게다가 밑 부분에 살짝 금이 간 상태. 요리는 번쩍 떠오르는 것이 있었다.

"아주머니, 이거 뭐 하는 바가지예요?"
그러자 박수미는 아궁이 옆에 놓인 커다란 항아리를 가리켰다.
"저기 물 항아리에서 물 뜨는 바가지. 그런데 왜 그게 거기 있지?"
"원래 여기 두시는 거 아니에요?"
"그럼. 불 땔 때면 그 위가 뜨끈뜨끈한데 거기 두면 안 되지. 항상 항아리 위에 엎어 놓는데……."
"아주머니가 여기 두신 게 아니라면 누가 여기 올려놨을까요?"
요리가 다시 물었다. 박수미는 고개를 갸우뚱하며 대답했다.
"그, 글쎄. 우리 남편도 거기 안 두는데."
"그래요? 그런데 이 바가지, 좀 깨져 있네요."

"어, 지난번에 내가 바닥에 떨어뜨리는 바람에 깨진 거야. 살짝 금이 간 거라 그냥 쓴 건데. 그런데 왜?"

난데없이 왜 바가지를 가지고 그러는지, 다른 아이들도 궁금했다.

"달곰아, 영재야. 바가지랑 항아리 뚜껑에 있는 지문 좀 채취해 줘."

달곰이와 영재가 재빨리 바가지와 항아리 뚜껑에 묻은 지문을 채취했다. 그러자 요리는 다시 바가지를 들더니, 이번에는 물 항아리에서 물 한 바가지를 뜨고는 부뚜막 위에 올려놓았다. 도대체 뭘 하는지…….

잠시 후, 바가지의 금 간 틈을 따라 조금씩 물이 새어 나오는 것이 아닌가! 그 물은 살짝 기울어진 바닥을 타고 흐르더니, 솥 옆의 깨진 틈을 타고 그대로 아궁이 속으로 흘러 들어갔다. 이를 본 요리의 얼굴에 살짝 미소가 비쳤다. 뭔가 알아냈다는 뜻. 요리가 다시 물었다.

"아주머니, 이 바가지, 아주머니가 여기 올려놓지 않은 게 확실하죠?"

"그렇다니까."

"네. 얘들아, 일단 경찰서로 가 보자. 지문 감식 결과 나왔나."

그러고는 부리나케 부엌을 나가는 요리. 다른 아이들도 따라 나왔다.

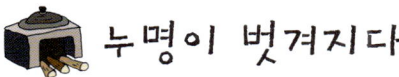
누명이 벗겨지다

"불완전 연소의 원인은 바로 바가지에 담겨 있던 물이야."

"물? 물이라고?"

요리의 말에 모두 의아해 물었다.

"응. 보통 산소가 부족할 때 불완전 연소가 일어나. 하지만 젖은 장작을 때거나 장작불에 물이 들어갈 때에도 불완전 연소가 일어날 수 있어. 연소가 일어나려면 세 가지 조건이 필요하다는 건 알지?"

그러자 달콤이가 얼른 대답했다.

"물론이지. 탈 물건, 산소 그리고 발화점 이상의 온도."

"맞아. 그런데 물질마다 발화점이 다 다르거든. 나무는 400~470℃ 정도야. 그 이상의 온도가 되어야 완전 연소가 일어날 수 있어. 그런데 장작이 젖어 있거나 적은 양이라도 물이 흘러 들어가면 그 물기를 증발시키기 위해 열에너지를 낭비하게 되고, 그렇게 되면 장작불의 온도가 충분히 올라가지 않지. 결국 불완전 연소가 일어나는 거야."

그러자 달콤이가 이제야 알았다는 듯 말했다.

"아, 그래서 아까 장작이 젖어 있나 본 거구나!"

"그래. 하지만 장작은 젖어 있지 않았어. 그런데 바가지가 부뚜막 위에 놓여 있었지. 밑바닥이 눌어붙은 것으로 봐서는 분명히 뜨거울 때 올려놓았어. 그리고 바가지의 금 간 부분에서 물이 새는 것 봤지? 바로 그 물이 아궁이 안으로 흘러내리면서 불완전 연소가 일어난 거야."

요리의 설명에 이번에는 영재가 의문을 제기했다.

"그럼 누가 그 바가지를 부뚜막에 올려놓은 거지? 아주머니는 아니라고 했잖아."

"이제 그걸 밝혀내야지. 바가지랑 항아리 뚜껑에 남은 지문이랑 문에서 나온 지문을 비교해 보면 확실해질 거야."

잠시 후, 경찰서에 도착한 아이들. 어 형사와 수리는 벌써 와서 감식 결과를 검토하고 있었다. 아이들이 들어가자마자 수리가 말했다.

"이상해요. 조진욱 씨랑 장우현 씨 지문이 둘 다 나왔어요."

"둘 다 나왔다고?"

아이들이 동시에 물었다. 그러자 수리가 설명을 덧붙였다.

"네. 그런데 좀 다르긴 해요. 조진욱 씨 지문은 방 쪽에서만 나왔고요. 장우현 씨 지문은 방 쪽과 부엌 쪽, 양쪽에서 다 나왔어요."

그러자 요리가 조진욱에게 물었다.

"부엌과 방 사이에 있는 문. 그 문은 안 쓰는 문이라던데, 맞나요?"

"응, 잘 안 쓰는 문이야."

"이상하네요. 거기서 최근에 찍힌 것으로 보이는 지문이 나왔어요. 조진욱 씨 지문이."

"내 지문이? 아, 그거. 내가 우현이 잠자리 봐 주면서 바람 들어오지 말라고 다시 꼭 닫느라 그랬지. 그런데 왜? 문 닫은 게 잘못한 거니?"

조진욱이 잔뜩 걱정되는 표정으로 물었다.

"그럼 어느 쪽에서 닫았는데요? 방 쪽에서 닫았어요? 아니면 부엌 쪽에서 닫았어요?"

"방 쪽에서."

그렇다면 확실하다. 이제 방금 의뢰한 지문 감식 결과만 나오면 된다. 그리고 드디어 30분 후, 기다리던 결과가 나왔다.

요리의 예상대로 바가지와 항아리 뚜껑에서 발견된 지문은 장우현의 지문. 드디어 요리가 일련의 증거를 이용해 자신의 생각을 말했다.

"새벽 4시쯤 조진욱 씨는 친구가 춥지 않을까 해서 아궁이에 장작을 더 넣었어요. 잠시 후, 간밤에 술을 마시고 잠이 든 장우현 씨가 갈증을 느껴 일어났죠. 새로 넣은 장작이 타면서 방바닥이 너무 뜨거워 일어났을 수도 있고요. 장우현 씨는 물을 마시려고 문을 열고 부엌으로 나왔고, 항아리 위에 놓인 바가지로 물을 떠 마신 후 잠결에 바가지를 부뚜막 위에 두고 방으로 들어왔죠. 문제는 그 바가지가 깨져 있었다는 거예요. 새로 갖다 넣은 장작이 활활 타는 상태에서 바가지에 남아 있던 물이 새어 나와 아궁이로 들어가면서 불완전 연소가 일어났고, 그 결과 일산화탄소가 많이 나왔죠. 게다가 장우현 씨가 다시 방으로 들어오면서 문을 꼭 닫지 않는 바람에 그 틈으로 일산화탄소가 방으로 들어온 거예요. 이는 문과 바가지, 항아리 뚜껑에서 발견된 장우현 씨의 지문으로 확인할 수 있죠."

조진욱의 누명은 벗겨졌다. 하지만 조진욱은 울음을 터뜨렸다.

"친구가 다 죽어 가는데 나만 살면 뭐 하겠어? 흑흑흑."

그런데 바로 그때였다. 홍 반장이 조진욱의 어깨를 두드리며 말했다.

"걱정 마세요. 방금 전화 왔어요. 깨어났다고."

"네? 깨어났대요? 정말요? 이제 괜찮대요?"

"좀 더 두고 봐야겠지만 괜찮을 거래요."

"감사합니다. 감사합니다."

조진욱은 여기저기 돌아가며 인사했다. 자신의 누명이 벗겨진 것보다 친구가 깨어난 것을 더 기뻐하는 사람. 둘도 없는 진정한 친구였다.

그 소식을 전하자 박수미와 혜진이도 기뻐서 어쩔 줄 몰라 했다. 수리 역시 멋진 선배들 덕분에 위신이 단단히 섰다. 물론 짧은 시간임에도 멋지게 사건을 해결한 아이들도 기분이 좋았다. 하지만 마냥 기뻐할 만한 상황은 아니다. 벌써 1시가 가까이 오니, 이젠 출발해야 할 시간.

"광주까지 130킬로미터다. 자신 있지?"

어 형사의 말에 모두 묵묵부답. 해 떨어지기 전에 광주에 도착하려면 최소한 한 시간에 30킬로미터는 쉬지 않고 달려야 되는데, 정말 끔찍하다. 하지만 어쩌랴! 이미 약속한 일인걸. 수리와 혜진이가 아쉬운 듯 배웅하고, 아이들과 어 형사는 힘차게 페달을 밟기 시작했다.

차가운 겨울바람이 얼굴을 스치고 700킬로미터라는 멀고 먼 길이 끔찍하게 느껴지지만 그래도 자신 있다. 왜? 우리는 'CSI'니까!

요리가 들려주는
사건 해결의 열쇠

오랜만에 만난 친구에게 일어난 일산화탄소 중독 사건. 계획된 범행인지 우연한 사고인지를 밝혀낼 수 있었던 것은 '불완전 연소'에 대해 잘 알았기 때문이야.

💡 완전 연소

'연소'란 물질이 빛과 열을 내며 타는 현상을 말해.

연소가 일어나려면 세 가지 조건이 필요하다는 것은 알고 있지? 탈 물질, 공기(산소), 발화점 이상으로 온도를 높이는 것이지. 여기서 '발화점'이란 어떤 물질이 탈 수 있는 가장 낮은 온도를 말해.

〈완전 연소〉

그리고 이렇게 물질이 타고 나면 화학적인 성분 변화에 의해서 처음 물질과는 다른 물질이 생기는데, 이것을 '연소 생성물'이라고 하지. 만약 물질이 탈 때 발화점 이상의 온도에서 산소가 충분히 공급되면 이산화탄소와 수증기가 생기는데, 이를 '완전 연소'라고 해.

불완전 연소

그러나 만약 물질이 탈 때 산소 공급이 원활하지 않으면 이산화탄소가 생기지 않고 일산화탄소와 그을음이 생기는데, 이를 '불완전 연소'라고 해.

이산화탄소(CO_2)가 생기려면 탄소 원자(C) 한 개가 산소 원자(O) 두 개와 결합해야 하는데, 산소가 부족하니까 탄소 원자 한 개에 산소 원자 한 개가 결합한 일산화탄소(CO)가 생기는 거지.

그런데 불완전 연소는 산소가 부족할 때뿐 아니라 젖은 장작을 때거나 난방 기구에 물이 들어갈 때에도 일어날 수 있어.

〈불완전 연소〉

물이 수증기가 되어 날아가려면 에너지가 필요하기 때문에 불을 때서 나오는 열에너지를 이용하게 되지. 그러다 보면 자꾸 열에너지를 다른 곳에 쓰게 되니까 물질이 타는 데 쓸 에너지가 부족하게 되고, 그 결과 온도가 낮아져 발화점 이상이 되지 못하기 때문에 불완전 연소가 일어나는 거야.

💡 일산화탄소 중독

일산화탄소는 냄새도 없고, 맛도 없고, 색깔도 없는 기체야. 공기와 잘 섞이는 성질이 있지. 일산화탄소는 석탄이나 석유, 장작을 연료로 하는 난방 기구에서도 나오고 자동차의 배기가스 중에도 많이 포함되어 있어. 또, 큰 산불이 일어날 때 주위에 산소가 부족하여 많은 양의 일산화탄소가 생기기도 하고, 담배를 피울 때 나오는 담배 연기 속에도 들어 있지.

그런데 일산화탄소가 일정량 이상 공기 중에 섞여 있으면 아주 위험해. 왜냐하면 일산화탄소는 핏속에서 산소를 운반하는 일을 하는 헤모글로빈과 결합하는 힘이 산소보다 약 300배나 강하기 때문에, 헤모글로빈이 산소 대신 일산화탄소와 결합하게 되거든. 그렇게 되면 온몸의 각 조직에 산소가 잘 공급되지 못하기 때문에 두통, 현기증, 메스꺼움 등 가벼운 증상에서부터 기억 상실, 언어 장애, 마비 등 심각한 증상까지 여러 가지 중독 증상이 나타나지. 일산화탄소에 오랫동안 노출되면 사망에 이를 수도 있어.

일산화탄소 중독 사고는 대부분 난방 기구를 잘못 설치하거나 배기 시설이 고장 났을 때 일어나. 그러니까 보일러나 난로 등은 꼭 환기가 잘 되는 곳에 전문가가 설치해야 돼. 그리고 난방 기구가 낡아서 일산화탄소가 새어 나올 구멍이 생기면 위험하니까 안전 점검도 자주 해야 하고, 밀폐된 공간에서 난방 기구를 사용할 때에는 자주 환기를 해야 돼.

| 가스 버너 | 자동차 배기가스 | 담배 연기 |

〈일산화탄소가 나오는 예〉

그러니까 생각해 봐. 이제까지 괜찮았던 아궁이에서 갑자기 왜 그렇게 많은 양의 일산화탄소가 나왔을까? 그 이유는 바로 부뚜막에 올려놓은 바가지에서 물이 새어 나와 아궁이로 들어가면서 불완전 연소가 일어났기 때문이야. 그리고 불완전 연소로 인해 나온 일산화탄소가 열린 문틈을 통해 방으로 들어가면서 일산화탄소에 중독되는 사고가 발생하게 된 거지. 어때, 이젠 알겠지?

■ 핵심 과학 원리 – 기압에 따른 날씨 변화

신비한 비석의 진실

아이들은 황당했다. 비석이 눈물을 흘리다니, 말이 되나?
"게다가 진짜 신기한 건 그 비석이 눈물을 흘리는 날을
용해 스님이 꼭 맞힌다는 거야."

신비산에 가다

그렇게 해남에서 자전거를 타고 출발해 영암, 나주를 거쳐 쉬지 않고 달려 도착한 광주. 거기서 자고 3일째에는 전주까지 100킬로미터를 달리고, 4일째에는 전주에서 청주까지 140킬로미터를 달려, 벌써 5일째.

첫날은 그래도 따뜻한 남쪽에서 출발해서인지 그다지 추운 줄 몰랐는데, 다음 날부터 엄청 추운 날씨가 계속되니 차가운 바람에 손도 꽁꽁, 발도 꽁꽁. 게다가 어제는 눈까지 내려 고생이 이만저만이 아니었다.

힘들 줄은 알았지만 이 정도일 줄은 정말 몰랐다. 이제까지는 그 동안 쌓아 둔 체력으로 그럭저럭 버틸 만했는데, 오늘 목표는 강원도 원주까지 120킬로미터. 그것도 굽이굽이 산길이니, 넘었나 싶으면 또 나오고, 이제 다 넘었나 싶으면 또 나오는 통에 아이들은 기진맥진했다.

불행 중 다행인 것은 오늘 원주까지만 가면 내일은 설악산까지 고속버스로 이동한다는 것. 그 희망을 가지고 열심히 달리니, 이제 10킬로미터만 더 가면 오늘의 목적지인 원주 시내에 도착한다.

그제야 눈을 들어 보니, 눈앞에 펼쳐진 넓은 강. '대하강'이라고 하는데, 그 뒤로 둘러친 '대하산'과 어우러져 진짜 절경이었다. 그런데 이정표 앞에서 잠시 쉬는 사이에 자세히 보니, '대하산'이라는 글자 옆 괄호 안에 '신비산'이라고 씌어 있었다.

"신비산? 뭔가 신비한 일이 벌어지는 산인가 보지?"

역시 썰렁한 농담을 빼놓지 않는 어 형사. 하지만 기운이 빠져 그런지 아이들은 웃어 줄 힘도 없었다. 달곰이가 안 되겠다는 듯 애원했다.

"어 형사님, 우리 밥 먹고 가면 안 될까요?"

"벌써? 아직 다섯 시도 안 됐는데?"

"아잉~, 배고파요~. 밥 주세요~."

아이들이 모두 안 하던 애교까지 떠니, 어 형사는 할 수 없이 아이들과 함께 근처 식당으로 들어갔다. 음식을 시키면서 영재가 주인아주머니에게 물었다.

"여기 산 이름이 왜 신비산이에요?"

궁금하긴 궁금했던 모양. 그러자 주인아주머니가 대답했다.

"원래 대하산인데, 3년 전에 스님 한 분이 신비사라는 절을 지었어. 그 스님이 용하다는 소문이 나면서 절 이름을 따서 그렇게 부르지."

그러자 옆 테이블의 아주머니가 쏙 끼어들며 말했다.

"아유, 몰라? 용해 스님!"

용해 스님? 아이들은 푹 하고 웃음이 났다. 도대체 얼마나 용하기에 이름도 용해 스님일까?

그 아주머니의 말을 들어 보니, 신비사라는 절에는 엄청나게 커다란 비석이 하나 있는데, 이름은 '흑루비'. 그런데 그 비석이 보통 비석이 아니란다. 이름처럼 눈물을 흘린다는 것. 아이들은 황당했다. 비석이 눈물을 흘리다니, 말이 되나?

"게다가 진짜 신기한 건 그 비석이 눈물을 흘리는 날을 용해 스님이 꼭 맞힌다는 거야."

그러자 그 앞에 있던 아주머니가 덧붙여 말했다.

"그 눈물 흘리는 비석은 하늘의 섭리를 담고 있는데, 그걸 읽어 낼 수 있는 사람은 딱 한 명, 용해 스님뿐이라는 거지."

그러니까 한마디로 용해 스님은 하늘의 섭리를 알아내는 신통력이 있다는 말. 아이들은 갑자기 호기심이 생겼다. 정말 눈물을 흘리는 비석이 있단 말인가? 그리고 용해 스님이라는 사람은 진짜 신통력이 있을까?

궁금한 건 절대 못 참는 아이들과 어 형사. 다섯 시가 넘어 늦은 시간이지만, 아이들과 어 형사는 신비사에 들렀다 가기로 했다.

신비사에서 생긴 일

식당 옆으로 난 산길을 20분쯤 오르자 절이 하나 나타났다. 신비사. 생각보다 작은 절이지만 대하산의 기암절벽이 절을 병풍 치듯 둘러싸고 아래로는 넓고 넓은 대하강이 유유히 흐르니, 자리 하나는 명당.

그런데 절에 들어서자마자 아이들은 깜짝 놀랐다. 절의 크기와는 전혀 어울리지 않을 정도로 엄청나게 큰 비석이 있는 것이 아닌가!

"우아, 진짜 크다."

높이는 족히 3미터 이상 되어 보이고, 폭 또한 1미터 가까이 되어 보이는 비석은 이름처럼 검은색의 반질반질한 돌로 만들어져 있었다. 여기서 진짜 눈물이 나온다면 말 그대로 대박일 거라는 생각이 들었다.

그런데 비각 옆에 쭉 전시된 액자에 눈물을 흘리는 비석 사진이 있었다. 날짜까지 적힌 것을 보니 정말인가 보다. 사진을 자세히 보니 비석에서 물이 배어 나오는 모습이 진짜 눈물을 흘리는 것처럼 보였다.

"우아, 진짜 신기하다. 소문이 사실인가 봐?"

비석이 눈물을 흘린 횟수를 세어 보니, 3년 동안 모두 13회. 어떻게 이런 신기한 일이 일어날 수 있는지 아이들은 더욱 궁금해졌다. 그런데 바로 그때였다. 법당 뒤쪽에서 한 남자가 버럭 소리를 질렀다.

"빨리 나와! 빨리! 용헌가 뭔가 빨리 나오란 말이야!"

갑작스런 소란에 경내에 있던 모두의 시선이 그 쪽으로 향했다.

그러자 절의 일을 돌보는 처사인 듯한 사람이 남자를 말렸다.

"말씀을 삼가시죠. 경찰이 올 테니 빨리 돌아가는 게 좋을 겁니다."

"경찰? 허, 그래! 너희랑 다 한통속이라 이거지. 불러! 내가 뭐 그럼 겁낼 줄 알아? 빨리 사기꾼 나오라고 그래. 빨리!"

"지금 안 계십니다. 그러니 오늘은 그만 돌아가시라니까요."

남자는 계속 처사를 따라다니며 소리를 질렀다. 그러더니 안 되겠다 싶었는지 구석에서 커다란 돌을 집어서는 비석을 둘러친 비각의 난간을 마구 부수기 시작했다. 그러자 이를 보던 사람들이 얼른 남자를 말렸다.

"아유, 왜 그래요? 큰일 날 사람이네! 그러다 천벌을 받지, 천벌을."

다행히 바로 그때, 아까 처사가 말한 대로 진짜 경찰들이 왔다. 그러고는 행패를 부리는 남자를 그대로 데리고 갔다.

"너희가 경찰이야? 무고한 시민 잡아가는 게 경찰이냐고?"

잡혀가면서도 고래고래 소리를 지르는 남자. 정신병자가 아닌 다음에야 이렇게까지 난동을 부리는 데에는 뭔가 이유가 있지 않을까? 남자가 끌려 나가고 경내가 조용해지자 처사는 조용조용한 목소리로 말했다.

"죄송합니다. 정신이 온전치 못한 분이셔서 그렇습니다. 그동안 용해 스님이 지극 정성으로 고쳐 주셔서 많이 나아졌는데, 그러고 나니 이제 와서 딴 말씀을 하시는군요. 허허허."

그런 난리를 당하고도 웃는 것을 보니, 역시 수도하는 사람은 다르구나 싶었다. 궁금한 나머지 달곰이가 물었다.

"그런데 이 비석에서 눈물이 나온다는 게 진짜예요?"

"허허허, 그래. 봐라, 여기 사진도 있잖니."

"그럼 그 날짜를 용해 스님이 알아맞힌다는 게 정말이에요?"

이번에는 영재가 물었다. 그러자 다시 대답하는 처사.

"퀴즈가 아니니 알아맞힌다는 건 좀 그렇고, 용해 스님만이 그 날짜를 알고 계신 건 맞지."

바로 그때였다. 어떤 아주머니가 조심스럽게 처사에게 말했다.

"저, 용해 스님 좀 뵙고 싶은데. 긴히 의논할 일이 있어서요."

"그러시군요. 그런데 오늘은 안 계십니다. 수련 가셨어요. 내일 새벽에나 돌아오실 겁니다."

그러자 아주머니는 안타까운 듯 말했다.

"아유, 어떡해. 용해 스님 뵈려고 서울에서 내려왔는데."

"그러셨군요. 죄송합니다. 그럼 내일 아침 10시쯤 다시 올라오세요. 용해 스님 오시면 말씀 드려 놓겠습니다."

"아, 예. 감사합니다. 감사합니다."

연신 절을 하는 아주머니. 솔직히 아이들도 보고 싶었는데, 아쉬웠다.

수상한 용해 스님

하지만 갈 길이 머니 이젠 산을 내려가야 할 시간. 겨울에다 산속이라 그런지 벌써 어두컴컴해졌다. 아이들은 어 형사의 재촉에 서둘러 산을 내려왔다. 그런데 10분쯤 내려왔을까? 갑자기 달곰이가 소리를 쳤다.

"헉, 가방! 가방 두고 왔어요. 비석 구경할 때 잠깐 내려놨는데 그냥 내려왔어요."

쯧쯧. 정신을 어디에 두고 다니는지. 결국 다시 신비사로 올라가야 될 상황. 할 수 없이 어 형사와 요리는 잠시 앉아 기다리고, 달곰이와 영재, 혜성이는 다시 신비사로 갔다. 그런데 막 절에 도착한 순간이었다. 조금 전에 본 처사가 법당 안에서 나오기에 인사를 하려고 했는데, 바로 그 뒤를 따라 또 한 사람이 나왔다. 그것도 승복을 입은 사람이. 눈치 빠른 셋은 얼른 몸을 숨겼다.

분명 아까 처사는 스님이 수련을 떠나고 없다고 했다. 내일 새벽에나 돌아온다고. 그럼 지금 법당에서 나온 사람은 누구인가?

그런데 더 놀라운 것은 스님의 얼굴이 처사와 똑같다는 것이었다. 가만, 그럼 혹시 용해 스님? 그리고 용해 스님과 처사는 쌍둥이 형제? 아무래도 수상하다는 생각이 들었다.

세 아이들은 재빨리 달곰이의 가방을 찾아서 내려왔다. 그러고는 어 형사와 요리에게 방금 본 장면을 이야기했다. 그러자 요리가 말했다.

"아까 경찰에 잡혀간 사람, 만나 보는 게 어떨까요?"

이번에는 어 형사도 말리지 않았다. 어차피 10킬로미터만 더 가면 오늘의 최종 목적지인 원주. 잠시 들렀다 가도 괜찮을 듯하고, 솔직히 어 형사도 살짝 호기심이 생긴 것이다.

아이들과 어 형사가 대하 파출소에 갔더니 남자는 아직까지 경찰들과 실랑이를 벌이고 있었다. 이름은 박규식. 어 형사가 파출소장 허영만에게 신분증을 보이고 사건에 대해 묻자, 그는 퉁명스럽게 대답했다.

"별일 아닙니다. 용해 스님이 용하다는 소리를 듣고 기부금 명목으로 좀 큰돈을 낸 모양이에요. 그런데 주식이 망했다나 뭐라나. 갑자기 돈이 궁해지니까 이제 와서 다시 내놓으라고 하면서 용해 스님을 사기꾼이다 뭐다 몰아붙이니 그게 말이 됩니까? 결국 사기 혐의로 용해 스님을 고소까지 했는데, 무혐의로 처리됐죠. 그런데 그 뒤로 자꾸 와서 행패를 부리는 거예요. 나 원 참."

그러니까 박규식이 그동안 용해 스님, 아니 신비사에 낸 기부금을 다시 돌려달라고 했다는 말인데, 좀 황당하기는 하다. 그러자 그 소리를 들었는지 박규식이 갑자기 벌떡 일어나며 소리를 질렀다.

"행패라니! 내가 지금 가만히 있게 됐어? 그 사기꾼 때문에 내 돈 다 날렸다고!"

어 형사는 박규식을 진정시키고는 사건의 진상에 대해 다시 물었다.

"작년 퇴직금으로 받은 5000만 원을 주식에 투자해볼까 생각하던 차에 우연히 용해 스님 얘기를 들었어요. 그래서 절로 찾아갔죠."

그런데 마침 가는 날이 장날이라 했던가. 그날이 바로 비석에서 눈물이 나올 거라고 용해 스님이 예언한 날. 그리고 정말 그의 예언대로 진짜 비석에서 눈물이 흐르기 시작했단다. 그것도 주르륵주르륵. 너무도 신기한 현상에 정말 용한 스님이구나 하는 생각이 들어 그때부터 주식 투자할 때마다 용해 스님한테 물어보고 하게 되었다는데. 신기하게도 처음에는 시키는 대로 하니 정말 돈이 벌리더라는 것이다.

하지만 세상에 공짜는 없는 법. 처음에는 수익금의 20%를 기부금으로 내라고 하더니, 마지막에는 50%까지 요구했다고 한다. 하지만 본인도 계속 돈을 버는 데다가 기부금 영수증까지 써 주니, 좋은 일 하는 셈 치고 계속 돈을 냈다는 것이다.

그런데 문제는 지난해 말. 갑자기 주가 지수가 폭락하면서 한 달 만에 가지고 있던 주식이 반값이 되고 말았다.

깜짝 놀라 찾아간 박규식에게 용해 스님은 오히려 정성이 부족해 그렇다면서 더 큰돈을 요구했다고 한다.

"결국 두 달 만에 제 주식은 휴지 조각이 도어 버렸어요. 그러고 나니 정신이 번쩍 들더라고요. 그래서 이 사람 저 사람 얘기를 들어 보니, 용핸가 뭔가가 사기죄로 두 번이나 고소당했다는 말도 있고."

그래서 자신도 고소를 했는데, 결국 기부금 명목으로 주었고 영수증까지 받은 거라 사기죄가 성립되지 않았다고 했다. 듣고 보니 억울한 것 같기도 하고, 어찌 보면 큰돈을 벌려고 갖다 준 돈이니 둘 다 똑같은 것 같기도 하고, 기부금 영수증까지 있으니 어쩔 수 없을 것 같기도 했다.

그나저나 사기죄로 세 번이나 고소를 당했다면 뭔가 있긴 있는 게 아닐까? 아이들은 점점 더 의심이 가기 시작했다.

혹시나 하는 마음에 아이들은 허영만에게 용해 스님이 관련된 다른 사건에 대해 물었다. 그러자 아주 곤란한 표정을 짓는 허영만. 하지만 포기할 아이들이 아니지. 아이들은 결국 용해 스님을 사기죄로 고소했었다는 두 사람의 전화번호를 받아 냈다.

전화를 해 보니, 그중 한 명은 근처 마을에 사는 아주머니. 2년 전에 딸이 백혈병에 걸렸을 때 그 스님이 용하다는 말을 듣고 찾아갔다고 했다. 정성을 드리면 나을 수 있다는 말에 얼마 있지도 않은 땅을 팔아서 1년 동안 계속 돈을 갖다 댔는데, 결국 딸은 죽고 말았다는 것이다.

"너무 기가 막혀서 따지러 갔더니, 정성이 부족해 그런 걸 어떡하느냐는 거야. 너무 화가 나서 고소했는데, 무혐의로 풀려나더라고. 휴~."

또 한 명, 서울 산다는 사람에게 전화해 보니, 아들을 서울 대학교에 보내 준다고 해서 달라는 대로 다 줬는데 결국 서울 대학교에 못 갔단다. 기가 막혀서 어찌 된 거냐고 했더니, 그래도 서울에 있는 대학은 가지 않았느냐, 자신이 기도를 안 했으면 그곳도 못 갔다고 했단다.

그러고 보니, 세 가지 사건 모두 비슷한 수법. 사람들의 절박한 심리를 이용해 많은 돈을 기부금으로 내게 만들고, 기부금 명목으로 낸 돈이라는 이유로 교묘히 빠져나가는 것이다.

"경찰도 좀 수상하긴 하지? 아무래도 용해 스님을 싸고도는 것 같아."
영재의 말에 어 형사가 명령을 내렸다.
"좋아, 그럼 일단 용해 스님에 대해 알아봐. 그 처사라는 사람도."
그러자 이번에는 혜성이가 의문을 제기했다.
"결국 용해 스님이 용하다는 소문이 나고 사람들을 불러 모은 건 다 그 눈물을 흘린다는 비석 때문이잖아요. 혹시 그 비석에 뭔가 비밀이 숨어 있지 않을까요?"

"좋아. 그럼 비석의 비밀도 알아내 봐."

"그런데 내일 아침에 고속 버스 타고 설악산까지 가야 되잖아요."

요리의 말에 어 형사는 벌렁 누우며 대답했다.

"그러게 말이다. 왜 이렇게 발목 잡는 사건이 많은지."

어 형사도 궁금하긴 되게 궁금한가 보다. 결국 가던 길을 멈추고 또다시 사건에 빠진 아이들. 용해 스님은 진짜 사기꾼일까? 그리고 눈물 흘리는 비석의 진실은 무엇일까?

비밀을 파헤쳐라!

다음 날, 아침부터 꾸물꾸물한 것이 꼭 비가 내릴 것 같은 날씨. 그래도 어제보다는 훨씬 덜 추워 다행이라면 다행. 혜성이와 달곰이는 일어나자마자 신비사로 올라가 비석 주변을 샅샅이 살피며 사진을 찍었다.

혹시 뭔가 특수한 장치를 해 놓고 필요할 때마다 일을 꾸미는 것은 아닐까?

그런데 이상한 것이 있긴 했다. 바로 비석을 둘러싼 비각의 기둥 여기저기에 붙어 있는 온도계와 습도계.

"저게 왜 여기 붙어 있지? 그것도 네 개씩이나?"

> **온도계에 든 빨간색 액체는?**
>
> 우리가 흔히 쓰는 온도계에 든 빨간색 액체는 알코올이야. 원래 알코올은 무색투명한 액체지만, 눈에 잘 보이게 하기 위해 빨간색 염료를 넣었지. 온도계는 온도 변화에 따라 액체의 부피가 늘어나고 줄어드는 것을 이용해 만든 것. 알코올을 가느다란 기둥에 넣어 두면 부피 변화가 커서 쉽게 온도를 읽을 수 있지.

　달곰이의 말에 혜성이도 이상하다는 생각이 들었다. 혜성이는 얼른 비각 안으로 들어갔다. 그런데 비각 바깥에 비해 온도 차가 크게 느껴졌다. 온도계를 보니, 역시 비각 바깥보다 5℃ 이상 낮았다.

"춥다. 여긴 왜 이렇게 춥지?"

달곰이가 몸을 움츠리며 말했다.

"비각이 햇빛을 막아 줘서 그런 게 아닐까?"

　혜성이의 말에 달곰이도 고개를 끄덕였다. 비석이 워낙 커서 그런지 비각 또한 꽤 컸다. 그러니 비각 안에는 햇빛이 전혀 들어오지 않는 상황. 그러니 더 서늘할 수밖에.

　혜성이는 비석을 자세히 살펴보았다. 만져 보니 굉장히 차가웠다.

어떤 돌로 만들어졌나 보니, 아마도 검은색의 화성암인 휘록암인 듯.

"비석도 엄청 차가운데. 휘록암이라서 그런가?"

"휘록암이면 차가워?"

달곰이가 물었다.

"휘록암같이 어두운 색의 암석에는 철이나 마그네슘 같은 금속 원소가 많이 들어 있거든. 그래서 온도가 쉽게 내려가지. 비각 안이 다른 곳보다 추우니까 비석도 그만큼 차가워졌겠지."

하지만 그렇다 해도 비석이 눈물을 흘릴 리는 없지 않은가.

그런데 바로 그때, 인기척이 들렸다. 혜성이와 달곰이는 얼른 비각 밖으로 나왔다. 어제 본 바로 그 처사였다. 처사는 아이들을 알아보았다.

"어, 이른 아침부터 학생들이 웬일인가? 가만, 어제 본 학생들이네."

혜성이가 얼른 둘러댔다.

"아, 네. 국토 순례 중인데요, 비석이 하도 신기해서 한 번 더 보고 가려고 올라왔어요."

"마침 잘됐네. 오늘 오후면 비석이 눈물을 흘릴 텐데 보고 갈래?"

뭐라고? 오늘 오후에 비석이 눈물을 흘린다고? 어쩌다 이런 행운이! 역시 눈으로 확인하는 게 최고 아니겠는가. 두 사람은 절에서 나와 어 형사에게 전화했다. 그러자 어 형사는 얼른 원주 경찰서로 오라고 했다. 뭔가 중요한 것을 알아낸 모양. 혜성이와 달곰이는 원주 경찰서로 갔다.

용해 스님의 본명은 나성칠. 그리고 처사의 본명은 나성만. 예상대로 쌍둥이 형제.

"그런데 나성칠은 사기 전과 2범, 나성만도 역시 사기 전과 1범이더라고."

영재의 말에 아이들은 기가 막혔다. 그렇다면 진짜 사기꾼이었단 말인가!

"그리고 한 가지 더. 나성칠의 본업이 뭐였는지 알아? 역술가!"

요리가 덧붙여 말했다.

"서울에서 역술원을 차려 놓고, 운세 보러 온 사람들에게 사기를 쳤더라고. 올해 돈 많이 벌 운세라면서 자기가 투자한 회사인데 투자하라고 한 다음, 그 돈을 빼돌리는 수법으로 말이야."

그동안 사람들의 운을 점쳐 주고 했던 것이 다 그것 때문? 그렇다면 이번에도 사기일 가능성이 크다. 그나저나 신원 조회만 해도 이렇게 전과가 드러나는데 어떻게 파출소나 경찰서에서는 그동안의 사건을 무혐의 처리했을까? 게다가 피해자들의 말에 따르면 편파적인 수사를 한 것이 분명하다. 아니나 다를까, 어 형사가 말했다.

"그래서 나성칠과 나성만의 통장 계좌를 추적했더니, 지난해부터 모두 3회에 걸쳐 1000만 원씩 송금되었어. 모두 한 사람, 허영만한테."

허영만이라면, 대하 파출소장? 역시 예상대로였다.

"그 시기가 세 번의 사건에서 무혐의 처리된 때와 거의 일치해."

"그럼 확실히 대가성 뇌물이네. 이 정도면 잡아들여도 되겠는데요."

영재의 말에 혜성이는 고개를 저었다.

"아직 안 돼. 나성칠의 전적으로 봐서 비석도 사기극일 게 뻔하잖아. 그러니까 일단 비석이 눈물을 흘리는 진짜 이유를 밝혀내야 돼. 그렇지 않으면 금방 또 나와서 비석 가지고 사기를 칠 거 아냐."

그렇다. 뇌물을 준 혐의로 잡아넣는다고 해도 사기를 쳤다는 확실한 증거가 없으면 금방 나와서 다시 누군가에게 사기를 칠 것이다.

혜성이가 찍어 온 사진을 보여 주며 비각 안이 바깥보다 5℃나 낮다고 하자 영재가 말했다.

"맞아, 비각 때문일 거야. 만약 비각이 없다면 햇볕을 직접 받아 비석의 온도가 비교적 잘 오르고 표면에 물방울이 맺혀도 금세 증발하겠지. 하지만 비각이 있으면 햇볕이 들지 않아 계속 차가울 수 있지."

그러자 가만히 듣고 있던 요리가 번뜩 생각난 듯 말했다.

"혹시 액화 현상이 아닐까? 기체인 수증기가 차가운 면을 만나면 액체인 물이 되는 현상 말이야. 비석이 아주 차가웠다고 했잖아. 그러니까 공기 중에 떠 있던 수증기가 차가운 비석과 만나서 물방울이 맺힌 건데, 그게 보기에는 비석이 눈물 흘리는 것처럼 보이는 게 아닐까?"

일리 있는 말이다. 그런데 만약 그렇다면 왜 나성칠이 예언하는 날에

만 액화 현상이 일어날까? 바로 그게 이 사기극의 핵심이다.

그때, 혜성이는 번쩍 생각나는 것이 있었다. 바로 오늘의 날씨.

"잠깐! 오늘 일기도! 일기도 좀 찾아봐야겠어."

그러더니 컴퓨터로 오늘 대하산 근처의 일기도를 찾아내 뚫어져라 쳐다보았다. 그러고는 비석 옆에 걸려 있던 사진에 적힌 날짜를 공책에 쭉 써 내려가는 것이 아닌가. 아니, 이건 또 언제 외워 왔단 말인가!

"봄에 2회, 여름에 1회, 가을에 3회, 겨울에 7회. 겨울이 가장 많네. 좋아! 애들아, 이 날짜의 대하산 일기도 좀 찾아 줘."

뭔가 찾아낸 모양이다. 그러니 당연히 도와줘야지. 아이들은 순식간에 컴퓨터로 각 날짜의 일기도를 찾아냈다. 그러자 쭉 늘어놓고 비교하는 혜성이. 그러고는 확신하듯 말했다.

"그래, 바로 이거야!"

"뭔데?"

"요리 말대로 액화 현상으로 공기 중의 수증기가 물이 되어 비석에 맺힌 거라면, 비석이 눈물을 흘린 날은 공기 중에 수증기가 많은 날이었을 거야. 그래서 습도를 재려고 비각 안에 습도계를 붙인 거고."

일리 있는 말이다. 그런데 왜 그날에는 다른 날보다 습도가 높았을까?

"그래서 일기도를 찾아봤더니, 그동안 비석이 눈물을 흘렸던 날은 대체적으로 같은 형태의 기압 배치를 보였어."

그러면서 혜성이는 일기도 여러 장을 쭉 펼쳐 보여 주었다.

"자, 봐. 일기도에는 구름과 바람뿐 아니라 기압, 즉 공기의 압력이 표시되어 있어. 주변과 비교해서 기압이 높은 곳을 고기압, 낮은 곳을 저기압이라고 하지. 이게 오늘의 일기도야. 북서쪽과 동쪽에는 차가운 시베리아 고기압이 있고, 우리나라엔 남서에서 북동쪽으로 저기압이 있지. 이건 차가운 고기압이 우리나라에 오래 머무른 다음 남쪽에서 습기가 많은 저기압이 올라와 겨울비를 내리는 전형적인 기압 배치야. 다른 날도 비슷해."

정말 일기도들은 대부분 비슷한 기압 배치를 보였다. 그러니까 차가운 고기압 때문에 오랫동안 차가운 상태였던 비석에 습도가 높은 축축한 저기압의 공기가 밀려들면서 수분을 공급한 거라는 말인데.

"가만, 그러고 보니 3일 전부터 엄청 추웠잖아. 게다가 오늘은 좀 덜 추운가 했더니, 아침부터 꾸물꾸물한 게 비가 올 것 같더라고!"

요리의 말에 영재가 덧붙였다.

"응, 오늘 오후 늦게 비가 온다고 했어."

"아까 비각에 설치된 습도계를 보니까 습도가 80%가 넘더라고."

혜성이의 말에 달곰이가 신기한 듯 말했다.

"아, 그래서 오늘 비석에서 눈물이 흐를 거라고 장담한 거구나!"

습도란?

공기 중에 포함된 수증기의 양을 '습도'라고 해. 비 오는 날처럼 공기 중에 수증기가 많으면 습도가 높고, 맑은 날처럼 공기 중에 수증기가 적으면 습도가 낮지. 습도가 높으면 빨래가 잘 마르지 않고 곰팡이가 생기니까 난방을 하거나 제습기, 습기 제거제 등을 쓰는 게 좋아. 반대로 습도가 너무 낮으면 피부가 건조해 따끔거릴 수 있으니까 가습기를 틀거나 어항을 설치해 수분을 공급하는 게 좋아.

신비한 비석의 진실

혜성이가 고개를 끄덕이며 대답했다.

"그래. 게다가 절 뒤쪽으로는 산이 둘러쳐 있고 앞쪽에는 큰 강이 있잖아. 바람의 방향이 강 쪽에서 산 쪽으로 불면 강의 습기가 바람을 타고 흘러 들어와 산을 타고 넘어가지 못하고 오래 머물게 되니까 다른 곳보다 더 습한 상태가 되지."

드디어 비석의 진실이 밝혀졌다. 그렇다면 이제 어떻게 할 것인가! 혜성이가 빙긋이 웃으며 어 형사에게 물었다.

"제습기 좀 빌릴 수 있을까요?"

신비한 비석의 진실을 벗기다!

어 형사와 아이들은 신비사로 다시 올라갔다. 벌써 어디서 듣고 그렇게 몰려왔는지 사람들로 북적북적했다.

잠시 후, 나성만이 나오더니 용해 스님이 나온다고 알렸다. 순간 경내는 쥐 죽은 듯이 조용해졌다. 나오는 사람을 보니, 예상대로 어젯밤에 본 용해 스님, 본명 나성칠. 그가 제법 스님 티를 내며 인사를 했다.

"감사합니다. 오늘 여러분은 세상에서 절대 일어날 수 없는 신비한 일을 경험하시게 될 겁니다. 모두 두 눈 똑바로 뜨고 잘 보십시오. 그리고 하늘의 뜻을 잘 새기시기 바랍니다."

바로 그 순간이었다. 혜성이가 번쩍 손을 들며 소리쳤다.

"정말 오늘 비석에서 눈물이 나옵니까?"

그러자 당돌한 물음에 모두의 시선이 혜성이에게 쏠리고, 곧이어 웅성웅성. 나성칠은 살짝 당황한 듯하더니, 이내 평온한 얼굴로 대답했다.

"허허허, 우리 학생이 아주 오래 기다렸나 봅니다. 맞아요. 바로 오늘 비석에서 눈물이 흐를 것입니다."

그러자 다시 혜성이가 소리를 질렀다.

"만약 눈물이 안 흐르면요?"

이건 무슨 소리? 하늘의 뜻을 전하는 용해 스님한테 정면으로 도전하겠다는 건가? 분위기가 심상치 않자 나성만이 혜성이를 제지하려 했다.

"잠깐, 잠깐만요. 용해 스님, 만약 비석에 눈물이 흐르는 것이 하늘의 뜻이라면, 어떠한 상황에서도 흐르겠죠?"

혜성이의 말에 이번에는 모두의 시선이 나성칠에게 쏠렸다.

"무, 물론이지."

"그럼 저희가 잠깐 장치를 좀 할게요."

그러자 아이들이 재빨리 전원 코드를 연결해 비각 안에 제습기를 들여놓고 작동시켰다. 황당한 상황에 모두 웅성웅성. 그리고 당황해 어쩔 줄 모르는 나성칠과 나성만. 이번에는 요리가 물었다.

"이건 그냥 습기를 제거하는 제습기일 뿐이에요. 제습기가 있다고 하늘의 뜻이 나타나지 않는 건 절대 아니잖아요, 그렇죠?"

그러자 나성만이 갑자기 버럭 소리를 질렀다.

"너희 뭐야, 어? 무슨 수작을 부리는 거야! 빨리 나가!"

이제껏 도 닦은 사람처럼 행동하던 나성만, 급하긴 급했나 보다. 그러자 구경하던 사람들이 소리를 질렀다.

"그냥 놔둬 봐요."

"그래요. 그냥 둬 봐요."

결국 더 이상 빼도 박도 못하게 된 나성칠과 나성만. 바로 그때 어 형사가 나서며 말했다. 아주 단호한 목소리로.

"어때요? 더 기다려 볼까요? 아니면 지금 경찰서로 갈까요?"

그러자 슬쩍 눈치를 보는 두 사람. 순식간에 도망치려 하나, 재빠른 아이들이 가만 있을 리가 없지. 날렵하게 뛰어나가 무릎을 꿇리니, 그대로 잡히고 만 나성칠과 나성만. 어 형사와 혜성이가 수갑을 채웠다.

"나성칠, 나성만. 당신들을 사기죄와 뇌물 공여죄로 체포합니다."

"뭐? 사기? 사기라니?"

여기저기서 웅성웅성, 난리가 났다. 그러자 혜성이가 나서며 말했다.

"이제까지 비석에서 눈물이 났던 것은 다 여기 두 사람의 사기극입니다. 습기가 많은 공기가 차가운 비석에 닿아 일어난 액화 현상이었어요. 그러니 하늘의 뜻이다 뭐다 한 건 다 거짓말입니다."

결국 나성칠과 나성만은 사기죄와 뇌물 공여죄로 구속되고, 파출소장 허영만 역시 뇌물 수수죄로 구속, 직위 해제되었다.

어느새 겨울비가 촉촉이 내리기 시작하고, 아이들은 고속버스에 올랐다. 이제 원주에서 강릉까지 100킬로미터, 거기서 다시 설악산행 버스로 갈아타고 70킬로미터를 더 가야 오늘의 목적지인 설악동에 도착한다. 드디어 버스가 출발하고, 아이들은 순식간에 잠이 들었다. 힘들긴 엄청 힘들었던 모양이다.

그나저나 어쩌다 보니, 국토 순례가 사건 순례가 된 느낌. 앞으로는 제발 아무 일 없기를 빌며 어 형사도 깊은 잠에 빠져들었다.

혜성이가 들려주는
사건 해결의 열쇠

눈물을 흘리는 신비한 비석, '흑루비'. 그 비석의 진실을 밝혀낼 수 있었던 것은 기압의 배치에 따른 날씨 변화에 대해 잘 알았기 때문이야.

💡 고기압, 저기압

'기압'이란 공기의 무게에 의한 압력을 말해. 주변과 비교하여 기압이 높은 곳을 '고기압', 낮은 곳을 '저기압'이라고 하지. 공기는 고기압에서 저기압으로 이동하는데, 이것이 바로 '바람'이야.

기압은 날씨를 결정하는 데 아주 중요한 요소야. 그래서 일기도를 보면 기압이 잘 표시되어 있어. 일기도에서 고기압은 '고' 또는 'H'로 나타내고, 저기압은 '저' 또는 'L'로 나타내.

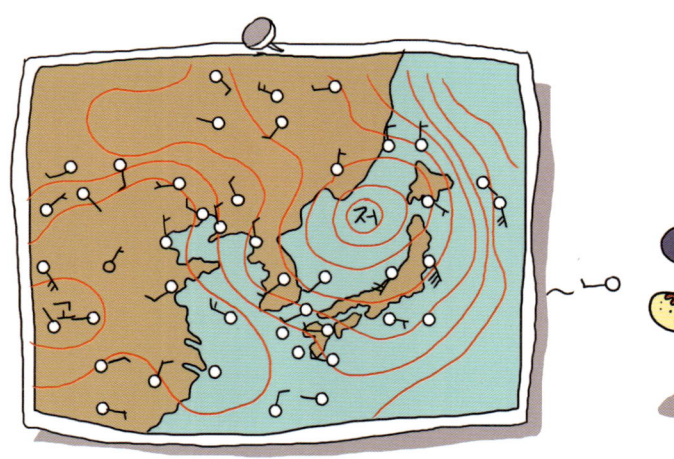

〈일기도의 기압 표시〉

또한, 일기도에는 지도의 등고선처럼 기압이 같은 곳을 연결한 선이 있는데, 이것을 '등압선'이라고 해. 등압선은 서로 교차하거나 갈라지거나 도중에 끊기지 않아. 등압선의 간격이 좁으면 기압 차가 커 바람이 세게 불고, 간격이 넓으면 기압 차가 작아 바람이 약하게 불지.

기압의 배치에 따른 날씨 변화

그럼 고기압일 때와 저기압일 때의 날씨는 어떻게 다를까?

주위보다 따뜻한 공기는 위로 올라가고, 주위보다 차가운 공기는 아래로 내려가는 성질이 있어. 고기압에서는 바람이 불어 나가며 그 빈 공간을 채우기 위해 위쪽의 찬 공기가 아래로 내려와. 그렇게 차가운 공기가 내려오면 기압은 높아지고, 낮은 지표 부분의 공기는 짓눌려서 따뜻해져.

〈기압에 따른 날씨 변화(북반구)〉

그래서 고기압 부근에서는 구름이 없이 맑고, 공기 중의 습기가 증발하면서 건조한 날씨가 되지.

반면에 저기압에서는 바람이 불어 들어오며 아래쪽의 공기가 위로 올라가. 이렇게 위로 올라간 공기가 차가워지면서 공기 중의 수증기가 물로 바뀌기 때문에, 저기압 부근에서는 구름이 생기고 날씨가 흐려지며 비나 눈이 올 수 있지.

💡 일기도를 보고 날씨 예상하기

일기도에는 풍향, 풍속, 구름의 양 외에도 저기압, 고기압 등이 표시되어 있어. 그래서 일기도를 보면 고기압과 저기압의 이동 방향을 알 수 있고, 어떤 날씨가 될지 예측할 수 있지.

그럼 아래에 있는 세 개의 일기도의 기압 배치를 보고 3일 동안의 날씨를 알아보고 4일째의 날씨가 어떨지 예측해 볼까?

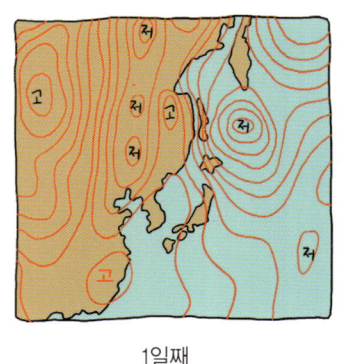
1일째

2일째

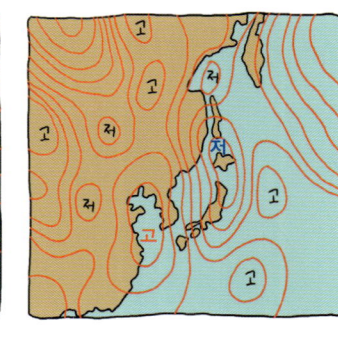
3일째

〈3일 동안의 날씨 변화〉

1일째는 황해에 있는 고기압의 영향으로 전국이 맑은 날씨야.

2일째는 고기압이 동해로 빠져나가고 중국 대륙에 있던 저기압이 접근함에 따라 점차 흐려져 눈이나 비가 내려.

3일째는 전날에 눈이나 비를 내렸던 저기압이 동해와 일본으로 빠져나가는 반면, 서쪽에서 고기압이 접근함에 따라 점차 날씨가 맑아져.

그러면 4일째 날씨는 어떨까? 4일째에는 고기압의 영향을 받아 맑은 날씨가 될 거야.

그러니까 생각해 봐. 비석에 흐르는 눈물은 바로 공기 중의 수증기가 차가운 비석을 만나 일어난 '액화 현상'. 액화 현상이 일어나기 위해서는 공기 중에 수증기가 많은, 즉 습도가 높은 날이어야 되겠지. 그래서 일기도를 비교해 본 결과, 그날은 며칠 동안 **차가운 고기압의 영향으로 공기가 차가워진 상태에서 많은 수증기를 포함한 저기압이 오는 전형적인 겨울비 내리는 날**임을 알아낸 거지. 즉 날씨를 이용한 사기극. 바로 그것이 눈물을 흘리는 비석의 진실임을 밝혀낸 거야. 어때, 이젠 알겠지?

■ 핵심 과학 원리 – 소리의 반사와 흡수

한밤의 총소리

"그 사람이 죽었대."
"어머나, 어머나! 왜? 그 동네 여자들, 어제 다 서울 관광 갔잖아?"
"그래. 그래서 아침에 복순이 엄마가 오빠 밥 차려 준다고 갔는데,
총 맞고 죽어 있더래!"

설악산에 가다

"칙~ 철컥!"

버스 문 열리는 소리에 깜짝 놀라 깨어 보니, 벌써 강릉 고속버스 터미널에 도착해 있었다. 부스스 일어나 버스에서 내리자 싸늘한 겨울바람에 코끝이 싸해지며 정신이 확 들었다. 어느덧 저녁 6시 30분. 아이들은 터미널 근처 식당에서 허기진 배를 채운 뒤 다시 설악산행 버스에 올랐고, 한 시간 반 이상을 달려 오늘의 목적지인 설악동에 도착했다.

민박집에 여장을 푼 아이들은 또 쓰러져 잠이 들고 말았다. 이제까지의 피곤이 한꺼번에 몰려오는 느낌. 그나저나 내일 아침 일찍 울산 바위까지 올라갔다 오기로 되어 있는데, 과연 가능할지…….

그런데 다음 날 아침, 요리가 난데없이 남자아이들이 자는 방문을 열어젖히며 소리를 질렀다.

"눈 왔다, 눈!"

눈이란 말에 반사적으로 일어나려다 생각해 보니, 가만! 눈이라면 한두 번 본 것도 아니고 갑자기 웬 소란인지. 남자아이들은 다시 투덜거리며 돌아누웠다. 그러자 요리는 한층 들뜬 목소리로 말했다.

"아이 참, 그냥 눈이 아니라니까. 얼마나 많이 왔는데. 무릎, 아니 허리까지 쌓였다니까."

뭐? 허리까지? 요리의 말에 아이들은 일어나 마루로 나왔다. 그런데 이게 웬일인가! 허리까지는 아니더라도 무릎 이상의 높이는 되어 보이는 눈. 말 그대로 온 세상이 눈 세상이었다. 태어나서 처음 보는 광경.

"헤헤, 그럼 가만히 있을 수 없지."

영재가 냉큼 뛰어 내려가 눈덩이를 뭉쳐 혜성이에게 냅다 던져 버렸다. 멍하니 있다 당한 혜성이. 역시 가만히 있을 순 없지. 결국 순식간에 눈싸움이 벌어지니, 역시 애들은 애들이다.

"쯧쯧쯧. 기운도 좋다."

시끄러운 소리에 잠이 깬 어 형사가 한마디 했다.

'그나저나 눈이 이렇게 많이 왔으니 아무래도 산행은 힘들겠네.'

어 형사가 막 그런 생각을 하고 있을 때였다.

"순임이 엄마, 순임이 엄마!"

한 아주머니가 찾아왔다. 부엌에서 주인아주머니가 나오며 물었다.

"아이고, 웬일이야? 아침부터."

"아유, 지금 이러고 있을 때가 아니야. 복순이 엄마의 오빠 있잖아. 아 왜, 가막골 사는."

"어, 그래. 있지. 그런데 왜?"

"그 사람이 죽었대."

"어머나, 어머나! 왜? 그 동네 여자들, 어제 다 서울 관광 갔잖아?"

"그래. 그래서 아침에 복순이 엄마가 오빠 밥 차려 준다고 갔는데, 총 맞고 죽어 있더래!"

"아유, 끔찍해라!"

어젯밤 가막골이라는 곳에서 살인 사건이 났다는 말? 그것도 총으로! 순간 아이들의 눈이 번쩍! 정말 어디를 가나 사건이 끊이지 않는 아이들. 아이들이 사건을 따라다니는 건지, 사건이 아이들을 따라다니는 건지 도무지 분간할 수 없는데……. 일단 가 보아야 하지 않을까? 눈이 너무 많이 와서 설악산 올라가기 힘들 텐데, 가만 있으면 뭐 하겠는가!

사건을 맡다

아이들과 어 형사가 현장에 가니, 관할 경찰서에서 나온 경찰들이 사람들을 통제하고, 형사 두 명이 사건 현장을 수습하고 있었다. 어 형사가 목격자 진술을 받고 있는 형사에게 먼저 인사를 건넸다.

"수고하십니다. 어린이 형사 학교 어수선 형사입니다."

그러자 수더분해 보이는 그 형사는 얼른 인사를 받았다.

"아이고, 반갑습니다. 전 설악 경찰서 김민준 반장입니다. 가만, 그럼 이 친구들이 바로 그 유명한 CSI?"

"안녕하세요? CSI입니다."

아이들이 넙죽 인사를 하자, 김 반장은 큰 소리로 웃으며 반겼다.

"하하하, 반가워. 우리 큰아들 놈이 지금 초등학교 6학년인데, 아주 팬이야, 팬. 거 뭐냐, 팬 카페에도 가입했다고 하더라고."

이런 감사할 데가! 김 반장은 큰아들 때문인지 아이들과 어 형사를 진심으로 반겨 주었다.

처음 발견한 피해자의 동생이라는 아주머니의 이야기로는, 시신 발견 시각은 아침 7시 30분쯤. 아침밥을 해 주러 왔는데 불러도 대답이 없어 문을 열고 들어갔더니, 마루에 피를 흘리고 쓰러져 있었다는 것. 어젯밤 9시쯤 전화했을 때에는 멀쩡했다는데. 김 반장이 다시 물었다.

"집 안도 깨끗하고, 밖에서 들어온 흔적도 없는 걸로 봐서 강도의 짓은 아닌 것 같은데, 혹시 원한을 살 만한 사람은 없었나요?"

"무슨 소리예요. 그런 사람 없어요. 우리 오빠가 얼마나 정직하고 성실한 사람인데요."

정말 둘러보니, 집 안을 뒤진 흔적이 전혀 없어 보였고, 밖에서 들어온 흔적도 없어 보였다. 그렇다면 범인은 피해자와 아는 사람? 아이들은 흩어져서 사건 현장을 자세히 살펴보기 시작했다. 시신은 안방 문턱을 막 나온 위치에 현관 쪽을 향해 쓰러져 있었다. 가슴에 총을 두 발 맞고 과다 출혈로 사망한 것 같은데, 부검을 해야 정확히 알겠지만 바닥에 있는 피가 굳은 상태로 봐서 8시간 이상은 족히 된 듯했다. 그렇다면 사건은 어젯밤에 일어났다는 말인데……. 아주머니가 9시쯤 통화했다고 했으니, 밤 9시에서 12시 사이에 사건이 벌어졌다고 볼 수 있다.

그나저나 우리나라에서는 총을 마음대로 가질 수 없어 총기 사건 또한 흔치 않은 일인데, 총을 가진 범인이라? 그때였다. 혜성이의 눈에 띄는 것이 있었다.

"어, 총이다!"

순간 모두의 시선이 몰렸다. 장식장 안에 있는 총. 새나 중간 크기의 짐승을 사냥할 때 쓰는 엽총이었다. 혜성이가 아주머니에게 물었다.

"이 총 누구 거예요?"

"오빠 거야. 젊었을 때 사냥을 좀 했거든. 지금은 안 하지만. 그래도 사냥철에는 집에 갖다 놓지."

혹시 이 총으로? 피해자의 총으로 살인을 저지르는 경우가 흔치는 않겠지만 그래도 가능성은 있다. 그리고 그건 부검을 통해 박혀 있는 총알을 뽑아내 보면 알게 될 것이다.

그나저나 이상하다. 만약 이 총으로 피해자를 쏘았다면, 범인은 왜 무기를 그대로 남겨 두고 갔을까? 아무리 간 큰 범인이라도 쉽지 않은 일.

"양 형사, 일단 증거물로 가져가고, 면허 받은 총인지 확인해 봐."

김 반장이 같이 나온 양 형사에게 명령했다. 우리나라에서 엽총을 가지려면 '조수 보호 및 수렵에 관한 법률'에 따라 면허와 총기 소지 허가증을 받아야 하니, 그건 경찰서에 가서 확인만 하면 금방 나올 일.

"그리고 부검 의뢰하고, 집 안 곳곳 다시 잘 뒤져 봐. 머리카락 한 올이라도 그냥 넘기면 안 된다. 그리고 총이랑 장식장, 현관문에서도 지문 채취해. 아! 그리고 총소리가 났을 테니 분명히 들은 사람이 있을 거야. 동네 사람들한테 물어보고, 피해자 주변 인물도 알아봐."

순식간에 할 일을 읊어 주는 김 반장. 이 많은 일을 양 형사 혼자 할 수 있을까? 난감한 표정의 양 형사. 혜성이가 슬쩍 끼어들었다.

"김 반장님, 저희도 좀 도우면 안 될까요? 어차피 오늘 설악산도 못 올라갈 것 같은데."

그러자 김 반장이 이내 반기며 대답했다.

"아유, 그럼 좋지. 오늘 군에 큰 행사가 있어서 모두 그쪽으로 빠져나갔거든. 게다가 CSI가 도와준다는데 마다할 이유가 없지, 하하하하."

아이들은 재빨리 능숙한 솜씨로 사건 현장 곳곳의 지문을 채취했다. 그런데 아무리 찾아도 총과 장식장에는 지문이 없었다. 그렇다면 혹시 범인이 살해 도구로 사용한 후 지문을 모조리 지운 건 아닐까? 그래도 다행히 현관문에서는 여러 개의 지문이 발견되었으니 일단 그것부터 감식해 보는 수밖에. 잠시 후, 어 형사는 김 반장과 함께 수사 본부가 차려진 설악 경찰서로 향하고, 아이들은 목격자를 찾아 나섰다.

 목격자를 찾아라!

혜성이와 영재는 어젯밤 총소리를 듣거나 수상한 사람을 본 사람이 있는지 조사하고, 요리와 달곰이는 피해자와 주변 인물을 알아보았다.

막상 집 주변을 둘러보니, 각종 숙박 시설과 유흥업소가 있는 화려한 설악동과는 전혀 다른 분위기의 산동네였다. 집도 띄엄띄엄 있는 데다 특히 피해자의 집은 그중에서도 산 쪽으로 제일 깊이 들어앉은 집.

워낙 외진 곳이라 목격자가 쉽게 나올 것 같지 않다고 생각하며 200미터쯤 내려오니, 집이 한 채 보였다. 집주인은 최만석. 혜성이가 말했다.

"저 윗집에 사는 김막동 씨가 어젯밤에 총을 맞고 사망했어요."

"알아. 그런데 왜?"

"그래서 여쭤 보는 건데요. 혹시 어젯밤 9시에서 12시 사이에 총소리 못 들으셨어요?"

"총소리? 글쎄. 못 들었는데?"

가만, 못 들었다고? 피해자의 집과 200미터밖에 안 떨어져 있는데, 못 들었다는 게 말이 되나? 혜성이가 다시 물었다.

"정말 못 들으셨어요?"

"못 들었다니까. 왜 자꾸 똑같은 걸 물어?"

이번에는 영재가 물었다.

"그럼 어젯밤 9시 이후에 뭐 하셨어요?"

"9시 뉴스 보고, '남편의 유혹' 드라마 보고, 11시쯤 잤어. 왜?"

"그럼 어제 주변에서 수상한 사람 못 보셨어요?"

"못 봤어, 못 봤어. 자, 됐지? 이제 더 물어볼 거 없으면 가."

그러고는 휙 들어가 버리는 최만석. 혜성이와 영재는 더 이상 말도 못 붙여 보고 나오고 말았다. 아무래도 이상하다는 생각이 들었다.

"보통 낮보다 밤에 소리가 더 잘 들리잖아. 그런데 어떻게 피해자의 집과 200미터밖에 안 떨어진 곳에서 총소리를 못 들었을까?"

"맞아. 한 발도 아니고 두 발인데."

영재의 말에 혜성이가 맞장구를 쳤다.

'혹시 텔레비전 소리 때문에 못 들었나?'

영재가 그런 생각을 하며 길을 내려오는데, 앞에 또 한 채의 집이 보였다. 피해자의 집에서 두 번째로 가까운 집. 대략 300미터쯤 떨어져 있다. 마침 주인인 듯한 아저씨가 마당에 나와 있었다. 이름은 장두칠.

"총소리? 물론 들었지."

"정말요? 몇 시쯤이었어요?"

"가만, 내가 드라마 보고 있을 때였으니까 밤 10시 30분쯤 됐을 거야. 갑자기 탕! 소리가 들려서 깜짝 놀라 마당으로 뛰어나왔는데, 다시 또 탕! 그렇게 두 발이 들리더라고. 갑자기 웬 총소린가 해서 경찰에 신고하려다 생각해 보니까, 요즘 겨울이라 산속에 먹이가 없어 가끔 멧돼지들이 마을로 내려와 피해를 주거든. 그래서 지난주부터 전문 사냥꾼들이 직접 나서서 잡는다고 한 게 생각나더라고. 그래서 그 소린가 싶었지. 그런데 이장님이 그런 일을 당할 줄은 정말……. 아유, 끔찍해라."

장두칠은 분명히 총소리를 들었다는 말. 그렇다면 정말 이상하다! 피해자의 집에서 더 멀리 있던 장두칠은 들었는데, 더 가까운 최만석은 왜 못 들었을까? 게다가 장두칠도 텔레비전을 보고 있었다고 했으니, 최만석이 텔레비전 소리 때문에 총소리를 못 들었을 거라는 가정은 깨진다. 혜성이와 영재는 장두칠의 집에서 나와 바로 밑에 있는 집으로 갔다.

이 집에서도 총소리를 들었다면 최만석이 거짓말을 했을 가능성이 높다. 그런데 아무리 벨을 눌러도 대답이 없다. 집에 아무도 없나? 할 수 없이 영재와 혜성이는 요리와 달곰이를 만나기로 한 큰길 가게로 갔다.

한편, 요리와 달곰이는 이웃 사람들에게 피해자에 대해 물었다. 김막동, 65세. 이 마을에서 태어나 쭉 살아온 사람으로, 고집이 좀 세서 그렇지 성실하고 부지런한 사람이라는 평. 지난해까지 마을 이장을 하면서 동네 일도 많이 했단다. 최근에는 '야생 동물 보호 협회'에서 봉사 활동까지 한다니, 다른 사람에게 원한을 살 만한 사람은 아닌 듯했다.

그런데 큰길 가게 주인아주머니가 살짝 머뭇거리며 말했다.

"우리 아들한테 들은 건데, 어제 낮에 이장님이랑 영란이 아빠랑 싸웠다네. 이장님 댁에서 내려와 첫 번째 집 있잖아. 그 집 아저씨."

"싸워요? 왜요?"

달곰이가 놀라며 되물었다.

"원래 둘이 사이가 안 좋았어. 영란이 아빠가 좀 괴팍하거든. 얼마 전 이장님 댁까지 올라가는 길이 너무 좁아 차가 들어가기 힘드니까 길을 넓히려고 군에 민원을 넣었는데, 그 길이 영란이네 앞으로 지나가야 된다나 봐. 그래서 영란이 아빠가 왜 남의 집 앞에 마음대로 길을 내라 마라 하냐면서 화를 냈어. 이장님은 그게 왜 당신 땅이냐, 나라 땅이지 하면서 몇 번씩 싸웠거든. 어제도 그것 때문에 또 싸우고 있더래. 우리 아들이 친구들이랑 겨우 말리고 왔다고 하더라고."

가만, 낮에 싸웠다? 그렇다면 혹시 홧김에? 물론 그러기엔 큰 사건이지만 그래도 가능성은 있다. 마침 가게로 들어오며 이야기를 들은 영재가 한마디 했다.

"그 아저씨, 좀 무섭긴 하더라."

혜성이가 주인아주머니에게 물었다.

"저기 윗집에 아무도 없던데, 언제쯤 들어오나요?"

"아, 철수네! 철수 엄마는 서울 가고, 철수는 학교 갔지. 이따 4시나 넘어야 올 거야."

그렇다면 그때 다시 들러 알아봐야겠다. 아이들은 가게에서 나와 일단 경찰서로 향했다. 달곰이가 자신의 의견을 말했다.

"혹시 낮에 싸우고 나서 홧김에 그런 게 아닐까? 그리고 혐의를 감추기 위해서 총소리도 못 들었다고 한 거고."

요리가 고개를 끄덕이며 동의했다.

"맞아. 더 멀리 사는 사람도 들었다는데, 훨씬 더 가까운 데 있던 사람이 못 들었다는 게 이상해."

"하지만 그것만 가지고 범인이라고 할 수는 없지."

영재의 반대 의견에 혜성이가 확신에 찬 어조로 말했다.

"물론 그렇지. 하지만 확실한 것은, 다른 날도 아니고 마을 아주머니들이 단체로 서울로 여행을 간 날 사건을 벌였다는 것은 분명히 계획된 살인이고, 범인은 그 사실을 알 수 있는 사람이라는 거야."

총소리가 들렸을까?

"일단 총알은 사건 현장에 있던 총의 총알임이 밝혀졌어."

경찰서에 들어가자 김 반장이 말했다. 그렇다면 범인은 피해자의 총을 범행 도구로 썼다는 말?

"지문은요?"

혜성이가 물었다.

"현관에서 발견된 것 중에서 피해자, 피해자 부인, 여동생 것을 빼고 나니, 딱 한 사람의 지문이 남더군. 바로 최만석의 지문이."

최만석이라면, 바로 그 아저씨! 아까부터 수상하긴 했지만 현관문에서 지문까지 나왔으니, 그가 용의자일 확률이 더 높아진 셈. 그가 총소리를 듣지 못했다고 했다는 말에 김 반장과 양 형사도 고개를 끄덕였다.

그런데 영재는 좀 이해가 되지 않는 게 있었다. 총과 장식장의 지문은 그렇게 깨끗이 지웠으면서 왜 현관 손잡이의 지문은 그냥 남겨 두었을까? 분명히 범인으로 지목될 텐데 말이다.

그리고 또 한 가지. 만약 최만석이 진짜 범인이라면 왜 총소리를 못 들었다고 했을까? 단순히 범행을 감추기 위해서? 다른 총도 아닌 피해자의 총을 범행 도구로 이용하고, 그걸 그대로 장식장에 남기고 간 범인이다. 뿐만 아니라 총과 장식장의 지문까지 고조리 지운 철저한 사람이 범행을 감추기 위해 금방 탄로 날 거짓말을 한다?

"양 형사, 최만석을 용의자로 체포해."

김 반장이 명령을 내렸다. 바로 그때였다. 영재는 무심코 바라보던 경찰서 창문 너머로 나무 위에 소복하게 쌓인 눈을 보았다. 너무 많이 쌓인 눈 때문에 나뭇가지가 거의 휘어질 지경인 모습. 바로 그 순간, 번쩍!

'혹시 눈 때문에!'

"잠깐! 잠깐만요!"

영재가 소리를 지르자 막 최만석을 체포하러 나가던 양 형사가 걸음을 멈추었고, 다른 사람들의 시선도 영재에게 쏠렸다.

"잠깐만요. 한 가지만 더 확인해 보고요. 혹시 소음 측정기 있어요?"

소음 측정기는 뭐에 쓰려는지. 양 형사가 소음 측정기를 주었다.

"요리 누나, 세 번째 집 있지. 그 집에서도 총소리 들렸나 확인해 줘."

"아, 알았어."

요리의 대답에 쏜살같이 뛰어나가는 영재. 혜성이도 얼른 뒤따랐다.

영재와 혜성이는 다시 최만석의 집으로 갔다. 귀찮아하며 신경질까지 내는 최만석을 무시하고 안으로 들어가 보니, 마루에 난 창문은 커다란 것 한 개. 물론 닫혀 있다. 영재가 텔레비전을 틀었다.

"텔레비전을 보고 계셨다고 했죠? 이 정도 크기의 소리였나요?"

소리 조절 버튼을 그대로 둔 채 영재가 물었다.

"그래, 어제 끄고 다시 안 켰으니 그랬겠지."

소음 측정기로 측정해 보니, 75데시벨 정도.

"형, 나가서 소리 좀 질러 봐."

갑작스런 영재의 주문에 혜성이는 황당했다. 그러나 영재가 시키는 대로 마당에 나가 소리를 질렀다. 들리긴 하지만 역시 예상대로 창문에 가로막히고 텔레비전 소리에 묻혀 훨씬 작게 들리는 소리.

"장두칠의 집으로 가 보자."

장두칠의 집으로 향한 아이들. 똑같이 텔레비전을 틀어 소리의 크기를 측정해 보니, 80데시벨 정도. 역시 평소 틀어 놓는 크기의 소리라고 하니, 최만석이 틀어 놓았던 텔레비전 소리의 크기와 거의 비슷하다.

그렇다면 닫힌 창문, 텔레비전 소리 등 총소리가 들리는 것을 방해할 만한 요소는 비슷하다. 단지 차이는 거리 차이. 분명히 장두칠의 집이 더 멀다. 그것도 100미터나. 그런데 정작 총소리를 들은 건 장두칠이다.

혜성이와 영재가 경찰서에 돌아오자, 요리가 기다렸다는 듯 말했다.

"세 번째 집에 사는 철수라는 사람 휴대 전화 번호 알아내서 전화 걸어 봤거든. 그런데 그 사람도 어젯밤에 총소리 못 들었대."

"못 들었대?"

혜성이와 영재가 동시에 다시 묻자, 달곰이가 말했다.

"응. 그럼 오히려 총소리를 들었다는 장두칠이 이상한 거 아냐?"

그렇다. 이제 확실해졌다. 영재가 말했다.

"맞아. 장두칠이 거짓말을 한 거야. 소리는 공기의 진동으로 전달돼. 그런데 소리는 물체와 만나면 반사되기도 하고 흡수되기도 하거든. 창문이 열려 있으면 바깥의 소리가 크게 들리지만 창문을 닫으면 작게 들리는 것은 창문이 소리를 반사하기 때문이야. 소리의 반사는 주로 벽이나 유리같이 단단한 물질에서 일어나는데, 두꺼울수록 효과가 높지."

그러자 혜성이가 물었다.

"그러니까 총소리가 굳게 닫힌 창문과 벽에 반사되어 안 들렸던 거야?"

"아니, 아까 형이 밖에서 소리를 질렀을 때에도 작지만 소리는 들렸어."

> **데시벨이란?**
>
> 소리의 상대적인 크기, 즉 소리의 세기를 나타내는 단위를 '데시벨(dB)'이라고 해. 정상적인 귀로 들을 수 있는 가장 작은 소리를 0dB이라고 정하고, 소리가 10배 세질 때마다 10dB씩 올려서 불러. 그러니까 10dB은 0dB보다 10배 큰 소리고, 20dB은 100배 큰 소리야. 총소리는 110dB 정도지.

"그럼? 아, 맞다! 텔레비전, 텔레비전이 켜져 있었잖아. 시끄러운 소리가 나면 다른 소리는 잘 안 들리잖아. 맞지?"

"맞아. 그렇게 가까이서 들리는 큰 소리가 작은 소리를 덮는 효과를 '마스킹 효과', 즉 은폐 효과라고 해. 아까 두 집에서 잰 텔레비전 소리의 크기가 각각 75데시벨, 80데시벨 정도였으니 충분히 멀리서 들리는 총소리를 덮어서 작게 들리게 했을 거야. 그리고 또…….'

"또?"

"가장 중요한 원인은 바로 눈이야."

"눈?"

눈이라는 말에 모두 놀라 물었다.

"응. 창문에 커튼을 치거나 벽에 방음 장치를 하면 바깥 소리가 잘 들리지 않아. 왜냐하면 커튼의 섬유나 방음 장치에 쓰이는 물질에는 구멍이 많이 있는데, 바로 그 구멍들이 소리를 잘 흡수하기 때문이지."

"맞다. 녹음실 벽이나 천장을 보면 구멍이 숭숭 나 있더라."

요리가 말하자 영재는 설명을 이었다.

"눈도 마찬가지야. 생각해 봐. 눈 오는 날은 특히 사방이 조용하다는 느낌이 들지 않아?"

그러고 보니, 정말 그런 것 같다.

"일단 기온이 낮을수록 소리가 퍼지는 속력이 떨어지기도 하지만, 더 큰 이유는 바로 눈의 결정 모양 때문이야.

눈은 육각형의 결정이 모여 여러 가지 크기의 입자가 돼. 그래서 눈의 입자와 입자 사이에는 많은 틈이 생기는데, 이 틈이 바로 방음 장치에 뚫린 구멍과 같은 역할을 해서 소리를 흡수하지."

> **눈 결정의 모양은 왜 육각형일까?**
>
> 눈 결정을 사진으로 보면 대부분 육각형이나 육각 기둥 모양이야. 왜 그럴까? 눈은 물이 얼어붙은 거야. 물 분자는 수소 원자 2개와 산소 원자 1개로 되어 있는데, 물이 얼 때에는 수소 원자와 산소 원자가 계속해서 차례로 연결되어 육각형이 많이 늘어선 것 같은 배치를 하거든. 그래서 눈 결정은 육각형이 되지.

그러니까 결론은 눈 때문에 총소리가 들리지 않았음에도 장두칠이 거짓말을 했다? 왜? 영재가 자신의 생각을 말했다.

"장두칠은 그 시간, 사건 현장에 있었고 총을 쏘았어. 총소리의 크기는 110데시벨이나 되니 현장에 있던 장두칠에게 아주 크게 들렸고, 당연히 주변 사람들도 들었을 거라고 생각했지. 그래서 의심을 피하기 위해 총소리를 들었다고 말한 거야. 그때 눈이 많이 오고 있었고, 눈 때문에 소리가 들리지 않을 수 있다는 사실을 몰랐던 거지."

이제껏 가만히 듣고 있던 김 반장이 고개를 갸우뚱하며 말했다.

"하지만 지금 상황에선 최만석이 더 유력한 용의자야. 지문도 나왔잖아. 장두칠이 범인이라는 증거는 아무것도 없어."

새로운 증거

그런데 바로 그때였다.

"오, 아니에요. 장두칠이 범인일 거라는 단서가 있어요."

엥? 어 형사! 아까부터 안 보여서 어디 갔나 했는데 언제 왔는지…….

"총기 소지 목록을 보니까, 2년 전까지 장두칠이 총을 가지고 있었더군. 총을 쏠 줄 안다는 얘기지. 그래서 장두칠과 피해자와의 관계를 알아봤지. 피해자가 봉사 활동을 했다는 야생 동물 보호 협회에 가서 알아봤더니, 최근 야생 동물 보호 협회와 경찰이 공동으로 밀렵꾼 감시, 검거 활동을 했대. 거기에 아주 놀라운 사실이 하나 있더라고."

"뭔데요?"

"얼마 전 다른 곳에서 온 밀렵꾼들에게 주변 산세와 야생 동물의 이동 경로를 가르쳐 주고 밀거래에도 관여한 사람을 피해자가 찾아내고 그 증거물을 확보했는데, 그 사람이 바로 장두칠이었다는 거야."

"증거물이 뭐였는데요?"

김 반장이 물었다.

"사진이요. 바로 이거예요."

어 형사가 내민 사진을 보니, 깜깜한 밤중에 총을 든 두 사람과 함께 가는 장두칠의 모습, 또 차 트렁크에 포대 자루를 싣는 장두칠의 모습 등이 찍힌 사진들이었다.

"자료와 증거물 다 모아서 오늘 경찰에 신고할 예정이었다는데, 바로 어젯밤 살해된 거지."

김 반장은 잠시 생각하는 듯하더니 조금 곤란하다는 듯 말했다.

"하지만 이 사진만 가지고 범인이라고 하기에는 좀⋯⋯."
그러자 양 형사도 끼어들었다.
"맞아요. 그리고 눈 때문에 총소리가 안 들렸다 하더라도 거짓말을 했다는 이유만으로 범인이라고 할 수도 없죠."
그런데 바로 그때였다. 요리가 나서며 말했다.
"그럼 화약 반응 검사를 해 보면 어떨까요?"
"화약 반응 검사?"
혜성이가 되물었다.
"총이 발사될 때에는 반드시 총을 쏜 사람의 손이나 옷에 화약 찌꺼기가 남거든. 그리고 보통 하루 이틀 정도는 그대로 남아 있고, 드라이클

리닝을 하지 않고서는 잘 지워지지 않지. 어때? 해 볼 만하지 않아?"

그러자 김 반장이 가만히 고개를 끄덕였다. 그러더니 명령을 내렸다.

"양 형사, 가서 장두칠 잡아 와."

곧바로 장두칠이 잡혀 오고, 심문이 시작되었다. 그날 총소리가 들리지 않았을 거라는 말을 하자, 얼른 말을 바꾸는 장두칠.

"그래요. 솔직히 말하면 나도 총소리는 못 들었어요."

"그런데 왜 거짓말을 했죠?"

김 반장이 물었다.

"밤에 총소리를 못 들었는데, 아침에 이장님이 총 맞아 죽었다고 하기에 깜짝 놀랐어요. 텔레비전을 크게 틀어 놔서 못 들었나 싶었죠. 그런데 여기 두 꼬마 형사가 총소리 들었냐고 물어보러 왔더라고요. 나 혼자 못 들었다고 하면 괜히 쓸데없이 의심 받을까 봐 그랬죠."

그러자 어 형사가 말했다.

"그게 아니라 당연히 들렸을 거라고 생각했기 때문이겠죠. 왜냐, 당신은 현장에 있었으니까."

"아니라니까요. 증거 있어요? 내가 죽였다는 증거 있냐고요?"

"있죠. 이 사진."

어 형사가 사진을 내밀었다. 그러자 깜짝 놀라는 장두칠.

"이, 이건……."

"피해자가 이 증거물로 당신을 신고하려고 하니까 죽인 거 아니에요!"

김 반장이 소리를 지르자, 잠시 아무 말도 못하는 장두칠. 그러더니 이내 다시 부인하기 시작했다.

"그래요. 이 사진, 나 맞아요. 하지만 내가 자수하려고 했어요. 그 일 때문에 이장님을 죽이지는 않았어요. 정말이에요."

"좋아, 그럼 방법은 하나군. 양 형사!"

곧바로 장두칠의 몸과 그의 집에서 가져온 옷에 대한 화약 반응 검사가 시작되었다. 그리고 잠시 후, 그의 점퍼와 바지에서 화약 반응이 나왔다. 그가 범인임이 명백하게 밝혀진 것.

장두칠은 그제야 범행을 자백했다. 처음에는 아는 사람의 부탁으로 몇 번 밀렵꾼들에게 길 안내를 해 줬는데, 하다 보니 수입이 짭짤했다. 그래서 점차 밀거래까지 관여하게 되었고, 그걸 알게 된 김막동이 몰래 자신을 추적해서 증거 사진까지 찍었다.

그 사실을 안 장두칠은 다시는 안 그럴 것을 맹세하며 사진을 달라고 온갖 협박과 회유를 했다. 그러나 김막동이 끝내 거절하자, 부인들이 서울로 여행 간 틈을 타서 사진을 빼앗고 살해할 계획을 세운 것이다.

살해하기 전 총으로 김막동을 위협하여 사진을 빼앗아 불태워 버렸는데, 또 다른 사진이 남아 있을 줄이야. 게다가 옷에 화약이 남아 있을 줄은 꿈에도 생각지 못한 것이다.

그나저나 사건 수사에 하루를 보내고 나니, 벌써 저녁때. 결국 눈 때문이기는 했지만 설악산은 올라가지 못하고, 다음 날 국토 순례의 최종 목적지인 통일 전망대를 향해 출발했다. 아침 일찍 고속버스로 고성까지 간 다음, 자전거로 30킬로미터를 달려 드디어 도착한 통일 전망대.

전망대에 올라 보니, 맑은 겨울 하늘 너머로 북한 땅이 보였다. 해남 땅끝 마을에서 장장 700킬로미터를 달려 도착한 곳. 그러나 이제 더는 갈 수 없다. 마음 같아서는 백두산까지라도 갈 수 있을 것 같은데……. 책에서만 보았던 분단의 현실이 마음 깊이 느껴졌다. 혜성이가 말했다.

"우리 통일되면 국토 순례 한 번 더 하자. 그때는 한반도의 반이 아니라 끝까지 달리는 거야. 백두산까지!"

"오케이! 하하하."

아이들의 힘찬 웃음소리가 하늘 멀리 퍼져 북녘 땅까지 울려 퍼졌다.

 영재가 들려주는
사건 해결의 열쇠

눈 내리는 날 밤 일어난 엽총 살해 사건. 총소리를 들었다는 범인의 말이 거짓임을 밝혀낼 수 있었던 것은 소리의 성질에 대해 잘 알았기 때문이지.

💡 소리의 반사와 흡수

소리가 진동을 통해 전달된다는 것은 알고 있지? 잔잔한 물에 돌을 던지면 물결이 퍼져 나가듯이 소리 역시 물결처럼 퍼져 나가지.

소리는 실온에서 1초에 약 340m나 갈 수 있지. 그런데 만약 소리가 물체에 부딪히면 어떻게 될까? 소리가 물체에 부딪혀 다시 되돌아오는 이 현상을 '소리의 반사'라고 해. 산에 메아리가 생기는 것이 바로 소리의 반사 때문이지. 거울이나 유리, 콘크리트와 같이 단단한 물질은 소리를 잘 반사해. 물질의 밀도가 클수록 그 효과가 높지.

소리가 반사되는 벽

소리가 흡수되는 흡음판

〈소리의 반사와 흡수〉

또, 소리는 닿는 물질에 따라 흡수되기도 하지. 스펀지, 솜, 담요, 흡음판처럼 입자 사이에 빈 공간이 많은 물질이 소리를 잘 흡수해.

💡 소리의 마스킹 효과

세기나 진동수가 다른 2개의 순수한 소리가 동시에 있을 때, 우리 귀에는 강한 소리나 낮은 소리만 들리고 약한 소리나 높은 소리는 잘 들리지 않아. 이러한 효과를 '마스킹 효과' 또는 '은폐 효과'라고 해.

들으려고 하는 소리와 그 소리를 방해하는 강한 소리가 동시에 들어오면, 들으려고 하는 소리가 잘 들리지 않거나 전혀 들리지 않게 돼. 텔레비전을 틀어 놓고 있으면 엄마가 아무리 불러도 잘 들리지 않잖아? 바로 텔레비전 소리가 엄마의 목소리를 방해하는 마스킹 효과 때문이지.

보통 고층 건물의 고속 엘리베이터 안에서는 항상 음악을 틀어 놓고 있는데, 이는 마스킹 효과를 이용하여 고속 엘리베이터가 바람을 가르는 소리가 들리지 않게 하기 위해서야.

〈소리의 마스킹 효과〉

또, 에어컨을 틀었다가 멈추면 갑자기 다른 소리가 들리기 시작하는 것도 마스킹 효과로 인해 에어컨의 소음이 다른 소리를 가려서 들리지 않게 했기 때문이지.

💡 눈이 소리를 흡수하는 이유?

눈 오는 날은 특히 조용하다는 느낌이 들지? 왜 그럴까? 춥기 때문에 소리가 퍼지지 않는 걸까? 과학적으로 봤을 때 소리는 공기 중에서 15℃를 기준으로 1초에 약 340m의 속력으로 퍼지는데, 기온이 낮아질수록 그 속력이 떨어진다고 해. 그러니 아무래도 눈이 오는 추운 날 밤에는 세상이 조금 조용해지겠지.

하지만 더 큰 이유는 바로 눈이 소리를 흡수하기 때문이야.

일반적으로 녹음실처럼 밀폐된 공간에서는 쓸데없는 소음을 없애기 위해 벽과 천장에 작은 구멍이 많이 뚫린 흡음판을 쓰지. 소리는 흡음판의 표면에서 일부가 반사되고, 나머지는 흡음판의 구멍으로 들어가. 흡음판에는

미로처럼 되어 있는 수많은 구멍이 있어서, 소리가 구멍의 여기저기에 부딪쳐 반사되면서 가지고 있는 에너지 대부분이 열로 바뀌어 사라져.

그런데 눈은 육각형의 눈 결정이 모여 여러 가지 크기의 입자가 되어 만들어지거든. 그러다 보니 눈의 입자와 입자 사이에는 많은 틈이 생기고, 이것이 흡음판의 구멍과 같은 역할을 하게 되지. 즉, 도로나 자동차, 나무, 지붕 등에 덮인 눈이 소리를 흡수해 주위를 조용하게 만들어 주는 거야.

실제로 눈은 특히 진동수 600Hz 이상의 중간 음보다 높은 소리를 80% 이상 흡수한다고 하는데, 이는 우수한 흡음재인 유리솜과 같은 정도야.

그러니까 생각해 봐. 처음에는 총소리를 듣지 못했다는 최만석이 의심을 받았지만, 사건이 일어난 날에 눈이 엄청 많이 내렸기 때문에 눈이 소리를 흡수하여 총소리를 듣지 못했을 거라고 추리했지. 아니나 다를까, 예상대로 또 한 명의 증인을 통해 그날 총소리가 들리지 않았음이 밝혀졌고, 총소리를 들었다고 거짓말을 한 사람이 범인임을 밝혀낼 수 있었지. 어때, 이젠 알겠지?

■ 핵심 과학 원리 – 신경계

노숙자의 이상한 죽음

"노숙자들 술 마시고 길에서 얼어 죽는 거, 겨울이면 한두 건씩 꼭 있어.
그러니 특별하게 생각하지 않아도 돼."

한 노숙자의 죽음

 국토 순례를 다녀온 후 아이들은 한바탕 몸살을 앓았다. 하기야 엄청난 행군의 연속이었으니 그럴 만도 하다. 그래도 여행 중에 병 안 난 것만 해도 다행이라면 다행. 그렇게 사나흘 꼬박 앓고 나니 이젠 좀 살 만하다 싶은데, 계속 놀 형편이 못 되었다. 바로 졸업 시험 때문. 그래서 아이들은 졸업 시험 공부를 위해 매일 학교 도서관에 모였다.
 그런데 아이들이 학교에 나가자 후배들도 하나둘씩 모여들기 시작했다. 그리고 오늘도 어김없이 철민이가 수선을 떨며 다가온다.
 "선배님~, 선배님~."
 아이들은 얼른 열공 중인 척했다. 솔직히 시도 때도 없이 찾아오는 후배들 때문에 조금은 괴로운 상태. 하지만 우리의 양철민, 굴하지 않고 더 수선스럽게 뛰어와 하는 말.
 "선배님~, 선배님~. 아이 참, 정 형사님이 찾으세요."
 '정 형사님이? 왜?'
 아이들이 궁금한 마음으로 정 형사의 방에 가니, 정 형사가 말했다.
 "앉아. 부탁이 있어."
 '부탁? 정 형사님이 우리에게?'
 그러고 보니 정 형사에게 부탁이라는 말은 처음 들어 보는 것 같다.
 "내 친구 중에 노숙자 무료 급식소에서 봉사하는 친구가 한 명 있어.

김순미라고. 그런데 좀 도와 달라고 전화가 왔어. 거기서 알게 된 노숙자가 있는데, 이틀 전에 한강 둔치 갈대밭에서 변사체로 발견됐대."

노숙자가 죽었다고?
정 형사는 말을 이었다.

"경찰 수사 결과, 혈중 알코올 농도가 높게 나왔나

봐. 그래서 술 마시고 실수로 도로에서 갈대밭으로 떨어졌다가 추운 날씨 때문에 체온이 떨어져 사망했다고 결론이 날 모양이야. 그런데 내 친구는 아무리 생각해도 이해할 수가 없다는 거야. 졸업 시험 공부 때문에 바쁘겠지만 너희가 이 사건을 좀 맡아 줘."

이제 시험도 얼마 안 남았는데 사건을 맡으라니! 아이들은 좀 망설여졌다. 하지만 다른 사람도 아니고 정 형사가 이렇게 부탁까지 하는데 싫다고 할 수는 없지 않은가. 게다가 가족도 집도 없는 노숙자의 죽음이라니, 왠지 짠한 마음이 들었다. 결국 아이들은 사건을 맡기로 했다.

곧바로 혜성이와 영재는 사건을 담당한 강동 남경찰서로 향하고, 요리와 달곰이는 정 형사의 친구인 김순미를 만나기로 했다.

혜성이와 영재가 담당 형사 박형식을 만나 사건에 대해 물었다. 박 형사는 귀찮은 티를 팍팍 내며 사건 일지를 내밀었다.

"어련히 알아서 잘했을까 봐. 여기 다 씌어 있거든. 봐."

그래? 그렇다면 봐야지. 지문 검식 결과, 피해자의 이름은 방황중. 시신이 발견된 곳은 한강 둔치 강동 지역 갈대밭, 고속화 도로 축대 바로 밑. 이틀 전 새벽, 산책 중이던 남자가 발견해 경찰에 신고했단다.

부검 결과, 사망 추정 시간은 3일 전 새벽. 사망 원인은 저체온증. 혈중 알코올 농도가 상당히 높게 나왔고, 온몸에 멍든 자국이 있으며, 다리가 부러졌고 출혈도 조금 있었다. 그래서 술에 취해 도로 위로 올라갔다가 떨어져 다친 후, 추운 날씨에 체온이 떨어져 의식을 잃고 사망했다고 결론을 내렸다는 것이다.

"주소지를 찾아 보니, 5년 전 것밖에 없더라고. 그래서 연락을 해 봤더니 이미 다른 사람이 살고 있었어. 주변 사람들 말로는 5년 전에도 혼자 살았다니, 유족도 찾을 수가 없었지."

결국 수사 결과에 이의를 제기할 사람이 아무도 없어 그대로 끝낼 모양이었다.

"노숙자들 술 마시고 길에서 얼어 죽는 거, 겨울이면 한두 건씩 꼭 있어. 그러니 특별하게 생각하지 않아도 돼."

그러니까 노숙자 한 명 죽은 게 뭐 그리 대수냐는 뜻. 아이들은 살짝 비위가 상했다. 아무리 집도, 가족도, 돈도 없는 사람이지만 그래도 엄연한 대한민국 국민이 아닌가! 그리고 우리는 그들을 보호할 의무가 있는 대한민국 경찰이다.

한편, 요리와 달곰이는 정 형사의 친구인 김순미를 만났다.

"노숙자들도 나름 자기 영역이 있어서 쉽게 그곳을 벗어나지 않거든. 그 아저씨가 주로 사는 데는 바로 여기, 종로였어. 지난 5년 내내. 그런데 시신이 한강 둔치에서 발견됐다니, 정말 이상한 거야. 여기서 거기까지 가려면 20킬로미터는 족히 넘을걸. 이 추운 겨울에 거기까지 걸어갈 이유도 없고, 그럴 수도 없지 않겠어? 사망 추정 시간이 3일 전 새벽이라는데, 그 전날 낮에도 내가 봤거든. 혹시 버스나 지하철을 타고 갔다고 생각해도 너무 이상해. 경찰의 얘기를 들어 보니까 고속화 도로에서 사건이 일어났다는 거야. 거기를 뭐 하러 올라갔겠어? 아무리 술이 취했다고 해도 그렇지."

일리 있는 말이다.

"그런데 경찰서에 가서 물어보니까 대답도 잘 안 해 주더라고. 아무리 노숙자라고 해도 이렇게 대강 수사하고 끝내면 안 되지. 그 아저씨, 오랜 노숙 생활에 병도 좀 있고 술을 좋아하기는 했지만, 그래도 얼마나 착한 아저씨였는데. 급식소에 밥 먹으러 왔을 때에도 쓰레기 같은 것도 치워 주고 그랬어. 나랑 얘기도 잘하고. 흑흑흑."

김순미는 결국 울음을 터뜨렸다. 요리가 물었다.

"그럼 4일 전 낮에 본 게 마지막으로 보신 거예요?"

노숙자의 이상한 죽음

"4일 전 점심시간에 급식소에 밥 먹으러 온 걸 봤지. 그런데 그 다음 날부터 안 오더라고. 5년 동안 하루도 빠짐없이 점심때면 나타났는데, 이상했지. 어디 아픈가 해서 같이 있던 아저씨들한테 물어봤더니, 지하철역에 그 아저씨 자리가 있는데 며칠 전부터 계속 그 자리에 없었다는 거야. 어디 갈 데가 있는 사람도 아닌데 싶어 걱정이 되더라고. 이렇게 된 줄은 꿈에도 몰랐지. 어제까지 기다리다가 아무래도 이상해서 정 형사한테 알아봐 달라고 했더니, 노숙자 중 사망자가 있다고 하더라고. 혹시나 해서 가 보니까 그 아저씨인 거야. 흑흑흑."

그러니까 정리해 보면, 5년 내내 종로를 벗어나지않고 살았던 사람이 갑자기 20킬로미터나 떨어진 한강 둔치 갈대밭에서 숨진 채로 발견되었다는 것. 그렇다면 우선 4일 전 그의 행적부터 알아내야 한다. 혹시 그를 본 목격자가 있을지도 모르니까.

 ## 수상한 증거

혜성이와 영재는 곧바로 시신이 발견됐다는 한강 둔치 갈대밭으로 향했다. 한강변을 따라 난 고속화 도로 바로 밑에 있는 갈대밭. 아이들 키 높이는 족히 되어 보이는 갈대들이 무수히 펼쳐져 있고, 그 사이사이로 사람들이 다닐 수 있도록 나무로 만든 산책로가 나 있었다.

시신이 발견된 곳은 산책로에서 5미터쯤 떨어진 축대 바로 밑. 최소 4미터 높이는 되어 보이는 축대 위는 강변을 따라 난 건널목과 신호등이 없는 고속화 도로로, 사람이 다니기가 절대 불가능한 곳이다.

엄청난 속력으로 달리는 차들을 보니, 아무리 차들이 별로 다니지 않는 새벽이고 술이 취한 상태였다 하더라도 도로 위를 걸어왔으리라고는 생각되지 않았다. 게다가 도로로 들어가는 진입로도 여기 축대 위 지점에서 1킬로미터 정도 떨어져 있다.

그렇다면 차를 타고 오다가 여기서 내렸다? 누구 차를? 왜?

갈대란?

냇가나 습지에서 자라는 여러해살이풀이야. 잎이 넓고 키는 2~3m 정도이며, 깃털 모양의 꽃이 무리지어 피고, 줄기는 곧고 매끈해. 보통 억새와 구분하기 어려운 경우가 많은데, 갈대는 습한 곳에서 잘 자라는 반면, 억새는 건조하고 메마른 땅에서 잘 자라. 그러니까 일반적으로 냇가나 습지에서 자라는 것은 갈대, 산이나 들에서 자라는 것은 억새라고 생각하면 돼.

둘은 일단 갈대밭 사이로 들어가 살펴보았다. 시신이 있던 곳은 갈대가 꺾여 쓰러져 있어 금방 눈에 띄었다. 그리고 자세히 보니, 갈대 사이에 핏자국이 살짝 남아 있었다.

갈대밭을 살펴본 혜성이와 영재는 고속화 도로 위로 올라가 방황중이 떨어졌을 위치를 자세히 살펴보았다. 그런데 난간 주위를 살피던 영재가 말했다.

"어, 핏자국이야!"

영재가 가리키는 곳을 보니, 위쪽 난간에 쓱 문질러진 형태로 묻어 있는 핏자국. 얼핏 보기에는 먼지가 묻은 것 같지만, 자세히 보니 분명히 핏자국이다!

"일단 방황중의 것인지 확인해 보자."

혜성이의 말에 영재는 핏자국을 채취했다. 사건 일지에는 난간의 핏자국에 관한 내용이 없었다. 이렇게 금방 눈에 띄는데 말이다. 그렇다면 떨어진 곳에 올라와 보지도 않고 떨어졌다고 결론을 냈다는 건가!

여하튼 이 핏자국이 방황중의 것이라면 방황중은 도로에서 떨어지면서 다친 게 아니라 그 전에 이미 다쳤다는 말이 된다. 혜성이와 영재는 부검 결과를 다시 살펴봐야겠다는 생각이 들었다. 둘은 다시 경찰서로 들어가 부검 보고서를 검토했다.

'사망 원인은 저체온증. 다리 골절, 온몸에 멍과 찰과상. 특히 다리 부분은 출혈 있음.'

그때였다. 덧붙여진 사진을 보던 혜성이의 눈에 번쩍 띄는 게 있었다. 바로 양팔, 양다리, 등에 길게 난 찰과상 흔적. 뭔가에 부딪혀 난 상처가 아니라 질질 끌려가면서 바닥에 쓸려 난 상처가 분명하다. 높은 곳에서 떨어져 입는 상처는 이런 길게 쓸린 흔적을 남기지 않는다. 이번에는 방황중의 옷을 봐야겠다고 생각했다.

혜성이가 박형식 형사에게 방황중이 입고 있던 옷을 보여 달라고 하자, 이번에도 떨떠름한 표정으로 옷을 꺼내 보여 주었다. 위로는 누리끼리한 얇은 가을 점퍼와 원래는 흰색이었지만 때가 꼬질꼬질 끼어 누런색으로 변한 티셔츠, 아래로는 주머니가 많이 달린 군용 바지, 엄지발가락에 구멍이 뻥 뚫린 양말, 그리고 다 떨어진 운동화 한 짝. 이 추운 겨

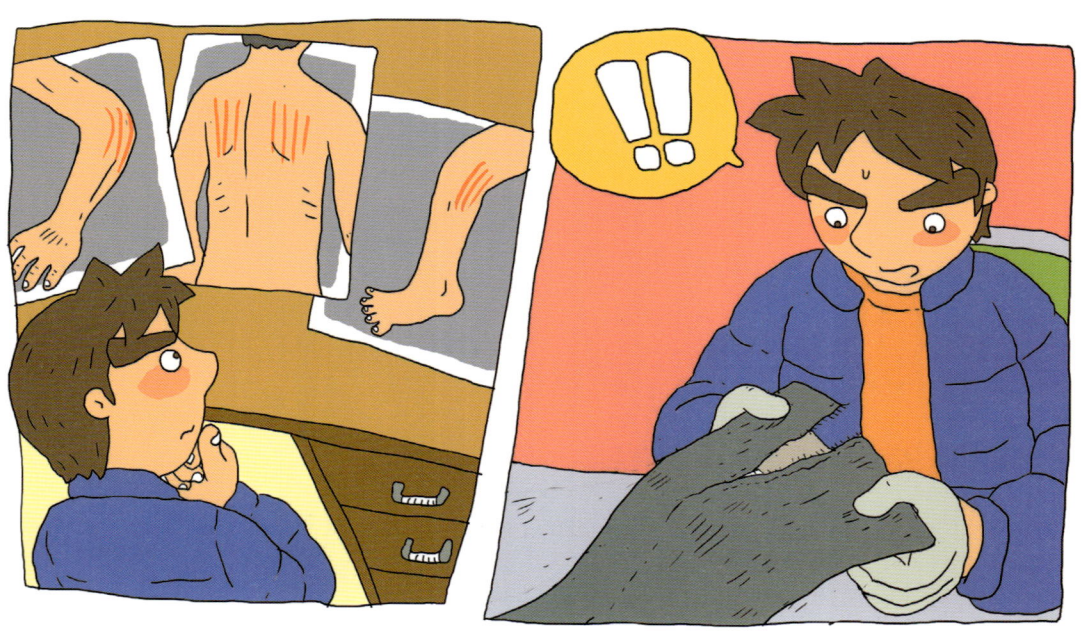

울에 이렇게 얇은 옷을 입고 다녔으니 저체온증으로 사망할 수밖에……. 혜성이와 영재는 마음이 짠하게 아팠다.

그런데 점퍼와 바지를 살펴보니, 바지 앞쪽 끝에 어딘가에 걸려 쭉 찢어진 곳이 있었고, 점퍼의 등과 양팔 부위, 바지에도 뭔가에 쓸려 닳은 자국이 확실히 있었다. 또, 섬유 사이에 검은색 작은 돌가루들이 끼여 있는데, 이건 분명히 아스팔트 조각이다.

이것들로 보아 온몸에 난 쓸린 자국은 아스팔트 길 위를 끌려가면서 난 상처가 틀림없다. 그럼 방황중은 추락하기 전에 교통사고를 당했다?

"바지가 찢어진 걸로 봐서 차의 어딘가에 걸렸던 것이 분명해. 혹시 교통사고를 당한 게 아닐까?"

영재의 말에 혜성이도 고개를 끄덕였다.

그날의 일을 추적하라!

한편, 요리와 달곰이는 방황중의 행적을 추적하고 있었다. 점심시간이 막 시작되었을 때, 아이들은 김순미를 따라 무료 급식소로 갔다. 급식소는 밥을 먹으러 온 노숙자들로 가득했다.

솔직히 길거리나 지하철역에서 노숙자를 많이 보기는 했지만, 이렇게 많은 사람들이 집 없이 떠돌이 생활을 하는지는 몰랐다. 둘은 코끝이 찡해지며 마음이 아팠다. 그래서 일단 팔을 걷어붙이고 돕기로 했다.

"아이고, 학생들이 봉사하러 왔구먼."

"귀엽게 생겼네."

살짝 무서운 분위기의 아저씨들도 있었지만 대부분 처음 본 요리와 달곰이를 신기해하고 귀여워했다.

그렇게 왁자지껄한 점심시간이 거의 마무리되자, 김순미는 아이들에게 방황중과 평소 어울려 다녔다는 아저씨들을 소개해 주었다.

"5시 30분쯤 됐지? 탑골 공원에 앉아 있는 걸 본 게 마지막이었지."

"저녁 6시쯤 됐나? 청계천 쪽으로 가던데."

그러나 그 이후의 행적은 아무도 몰랐다.

'뭔가 좋은 방법이 없을까?'

요리는 생각했다. 바로 그때였다. 옆에 있던 한 아저씨가 물었다.

"누군데? 누가 죽었다는 거야?"

그러자 김순미가 대답했다.

"체크무늬 모자 쓰고 다니시던 분 있잖아요."

'체크무늬 모자? 모자를 쓰고 있었단 말이지!'

순간, 요리는 번쩍 떠오르는 게 있었다. 혹시 사진이 있다면? 요리는 얼른 김순미에게 물었다.

"혹시 그 아저씨 사진 같은 거 없을까요?"

"사진? 글쎄. 아, 있다! 한 달 전인가, 휴대 전화로 찍은 게 있어."

그러면서 김순미는 휴대 전화에 저장된 사진을 보여 주었다. 체크무늬 모자를 쓰고, 어색한 웃음을 짓고 있는 방황중. 됐다! 일단 이 사진이라도 출력해서 일일이 물어보는 수밖에 없다.

"그럼 우리도 도와줄게. 어린애들이 이렇게 힘쓰는데 할 일 없는 우리라도 도와야지."

한 아저씨의 말에 다른 아저씨들도 그러겠다고 했다. 이렇게 고마울 수가! 김순미가 말했다.

"오랜 노숙 생활로 심신이 많이 병들고 지친 사람들이지만 서로 어울려 살아가는 데 필요한 나름의 규칙도 있고 의리도 있어. 또, 이 중에는 꿈과 희망을 품고 사는 사람들도 많아. 하루 종일 열심히 공사장에서 일하고 방값을 아껴서 저축하려고 노숙하는 분들도 있지."

냄새나고 지저분하고, 그래서 가까이 하는 것조차 꺼려졌던 노숙자들. 하지만 그들 역시 우리와 함께 같은 시간과 공간을 힘겹게 살고 있는 사람들이라는 생각이 들었다. 요리와 달곰이는 김순미의 휴대 전화에 저장된 방황중의 사진을 전송받은 후 학교로 돌아왔다.

마침 혜성이와 영재도 학교에 돌아와 있었다. 혜성이와 영재가 조사한 결과를 말해 주자, 달곰이가 깜짝 놀라며 다시 물었다.

"뭐? 교통사고?"

"그래. 그리고 내 생각엔 거기까지 걸어 올라가 교통사고를 당했을 리는 없고, 누군가 교통사고를 내고 거기다 갖다 버린 게 아닐까?"

혜성이의 말에 요리가 안쓰러운 표정을 지으며 말했다.

"그렇다면 정말 나쁘다. 사망 원인이 교통사고가 아니라 저체온증이었잖아. 만약 사고 직후 병원에 데려갔으면 살았을 거 아냐!"

그렇다. 부검 결과로 봐선 사망할 정도의 교통사고는 분명 아니었다. 그런데 노숙자라는 이유로 그대로 갖다 버리다니, 정말 나쁜 사람이다!

"그러니까 이제 해야 할 일은 교통사고 목격자를 찾는 거야."

혜성이의 말에 요리가 대답했다.

"내일 종로랑 청계천 일대부터 시작해 사진 돌리면서 찾아보자."

그런데 바로 그때였다.

"저희도 도울게요."

놀라서 돌아보니, 후배들. 별이, 철민이, 남우.

"선배님들이 그렇게 고생을 하시는데, 저희가 가만있을 수는 없죠. 저, 종로랑 청계천 일대는 다 알아요. 종로에 있는 극장에도 열 번 넘게 가 봤고요, 청계천 복구한 데도 세 번이나 가 봤어요. 그러니까 저희도 돕게 해 주세요. 잘 할 수 있어요. 네?"

따발총같이 내뱉는 철민이의 말이 끝나자 혜성이가 고개를 끄덕였다.

"그래, 알았어. 우리야 도와주면 고맙지."

아이들은 내일 아침 9시에 종로 무료 급식소 앞에서 만나기로 했다.

목격자를 찾다

다음 날 아침, 혜성이는 경찰서에 의뢰한 혈흔 검사 결과부터 알아보았다. 역시 예상대로 방황중의 핏자국. 그렇다면 아이들의 예상이 맞다.

아침 9시. 아이들은 무료 급식소로 갔다. 김순미와 도와주기로 한 아저씨들도 나와 있었다. 각자 전단지를 나누어 갖고 구역을 정해 돌기로 했다. 하지만 방황중을 보았다는 사람은 쉽게 나타나지 않았다. 하기야 허름하고 냄새나는 차림의 노숙자를 누가 그리 눈여겨보았겠는가.

그렇게 한 시간이 넘도록 전단지를 돌리고 있는데, 지성이면 감천이라고 했던가! 김순미가 혜성이에게 전화를 했다. 청계천에서 노숙하는 사람 중 한 명이 그날 밤 9시쯤 방황중을 봤다는 것. 아이들은 곧바로 그 사람이 있는 곳으로 향했다.

"9시쯤 됐을 거야. 여기 앉아 있는데, 이 체크모자 쓴 사람이 저 앞의 건널목을 건너서 저기 상가 쪽으로 가더라. 비틀거리는 걸 보니, 술 마신 것 같던데."

그렇다면 이제 그가 갔다는 상가 쪽으로 가 봐야 할 터. 아이들은 다시 전단지를 돌리며 방황중을 본 사람이 있는지 일일이 물었다.

그런데 잠시 후, 정말 다행히도 남우가 그를 보았다는 사람을 찾아냈다. 바로 구두 수선하는 아저씨.

"집에 가려고 가게 문을 닫고 나서는데 언제 왔는지 가게 옆에 쭈그리고 앉아서 자고 있었어. 시간은 11시쯤 됐나? 그래서 내가 여기서 자면 얼어 죽는다고 지하철역으로 가라고 했지. 그랬더니 고개를 끄덕끄덕하더라고. 그래서 난 집으로 갔지."

그리고 잠시 후 별이가 또 한 명의 목격자를 찾아냈다. 바로 구두 수선 가게 건너편에 있는 편의점의 아르바이트생, 한진남. 사진을 본 한진남은 창고로 들어가더니 검은 봉투를 하나 가져왔다.

"그날 주워 놓은 거야."

봉투에서 꺼낸 것은 바로 사진과 똑같은 모자와 다 떨어진 운동화 한 짝. 방황중의 유품에서 나온 신발의 다른 한 짝이었다.

"3일 전 새벽 2시쯤 됐을 거야. 졸려서 잠깐 담배 피러 나갔을 때였어. 무심코 길 건너를 보고 있었는데, 구두 수선 가게 앞에 세워진 트럭이 출발하더라고. 그런데 뒤쪽에 뭔가가 질질 끌려가는 거야."

"끌려가요? 뭐가요?"

아이들이 놀라 물었다.

"나도 놀라서 '어, 저게 뭐지? 혹시 사람인가?' 하는데, 트럭 운전사도 이상했는지 150미터쯤 가더니 섰어. 그러더니 내려서 밑에 걸린 걸 꺼내는데, 보니까 정말 사람인 거야. 안 되겠다 싶어 도와주려고 뛰어갔는데, 그사이 운전사가 벌써 그 사람을 싣고 가더라고. 그리고 이 모자랑 신발 한 짝이 떨어져 있었지. 혹시 나중에 찾으러 올까 싶어 주워 놓았는데, 그 사람이 어떻게 됐어?"

"한강 둔치 갈대밭에서 변사체로 발견됐어요."

"뭐라고? 그럼 그냥 갖다 버린 거야? 난 당연히 병원에 싣고 가는 줄 알았는데. 진짜 나쁜 사람이다."

한진남은 말도 안 된다는 듯 흥분했다. 역시 아이들의 예상대로 방황 중은 교통사고를 당한 것이 분명하다. 그리고 트럭 운전사는 그를 병원에 싣고 가는 대신 그대로 한강 둔치 갈대밭에 갖다 버린 것이다. 그리고 그는 살 수 있었음에도 결국 얼어 죽고 말았다.

"혹시 그 트럭, 어떤 트럭이었는지 기억나세요? 차 번호나 운전사 인상착의 같은 거."

"1톤 트럭이었어. 한밤중이었고 트럭이 150미터쯤 떨어져 있어서 운전사는 잘 못 봤고. 도와주려고 뛰어가다가 번호판을 보긴 했는데, 지금은 전혀 기억이 안 나."

아깝다. 조금이라도 기억해 낼 수 있으면 좋으련만.

"그럼 혹시 생각나면 연락 좀 주세요."

아이들은 아쉬운 마음을 안고 편의점을 나왔다. 그래도 후배들과 아저씨들이 열심히 도와준 덕분에 빠른 시간에 목격자를 찾아낼 수 있었다. 아이들은 일단 학교로 돌아와 수사 방향을 의논했다.

"그나저나 뺑소니 운전자를 어떻게 찾지?"

혜성이의 말에 철민이가 말했다.

"현수막을 거는 게 어때요? '뺑소니 운전자를 찾습니다. 사례하겠습니다.' 이렇게요."

그러자 별이가 고개를 저으며 말했다.

"쉽지 않을걸. 새벽 2시쯤이었다고 했잖아."

"편의점 형이 번호판을 기억해 내면 좋을 텐데."

남우의 말에 요리는 번쩍 생각나는 것이 있었다.

"맞다! 최면 수사를 해 보면 어떨까?"

"최면 수사?"

모두가 동시에 물었다.

"응. 혹시 최면을 걸면 무의식 상태에서 그때 본 번호판을 기억할 수 있지 않을까? 교통사고 수사할 때 많이 쓰는 방법이잖아."

"그래! 그럴 수도 있겠다. 한번 해 보자."

혜성이가 동의하자 다른 아이들도 모두 동의했다. 요리는 재빨리 국립 과학 수사 연구소에 있는 프로파일러 장 형사에게 전화했다.

최면 수사란?

최면 수사는 목격자에게 최면을 걸어 무의식 상태에서 목격한 것을 기억해 내게 하는 수사 방법이야. 최면에 걸리면 무의식이 의식과 분리돼 자유롭게 활동하는 상태가 되면서, 맨정신일 때에는 기억나지 않는 장면들이 기억나게 되지. 우리나라에서는 1997년에 목격자에게 최면을 걸어 용의 차량의 번호를 기억하게 하면서 시작되었고, 현재 국립 과학 수사 연구소에서는 매년 150여 건, 각 지방 경찰청에서는 60~70건 정도의 최면 수사를 하고 있어.

노숙자의 이상한 죽음

장 형사는 한진남을 데려오라고 했다. 그리고 한진남은 고맙게도 시간을 내 주었다. 세상이 그렇게 각박하지만은 않다는 생각이 들었다. 그는 오랜 시간에 걸쳐 최면 수사를 받았다. 그리고 결국 뺑소니 차량의 번호를 기억해 냈다. '2838'.

"됐어! 차량 번호 2838 목록 뽑아 볼게."

요리의 말에 혜성이가 대답했다.

"그럼 우린 청계천에서 사건 현장까지 도로에 있는 CCTV 조사할게."

요리와 달곰이가 차의 번호를 찾아보니, 1톤 트럭 중 번호가 2838인 것은 전국에 모두 30여 대였다. 그중에서 일단 서울을 주소지로 한 것을 찾으니 모두 6대.

그런데 바로 그때였다. 혜성이와 영재가 CCTV 자료를 뒤지고 뒤져 트럭 한 대를 찾아냈다. 새벽 2시 10분에 고속화 도로로 진입하기 바로 전 건널목에서 신호 위반으로 사진이 찍힌 것. 서울 라 2838. 운전자의 이름은 도주중. 곧바로 정 형사가 명령을 내렸다.

"도주중 체포하고 트럭 확보해."

범인임을 밝혀라!

그러나 언제나 그렇듯이 도주중은 자신의 혐의를 완강하게 부인했다.

"무슨 말씀이세요. 그런 적 없어요. 그 시간에 난 거기에 가지도 않았다고요."

"목격자가 사고 차량이 2838 1톤 트럭이라는 걸 기억해 냈어요. 그래도 발뺌할 거예요!"

"2838 1톤 트럭이 내 차밖에 없나요? 아니잖아요."

물론 맞는 말이다. 정 형사가 CCTV에 찍힌 사진을 내밀며 말했다.

"고속화 도로 진입 전 건널목에서 신호 위반으로 걸린 사진이에요. 시간은 새벽 2시 10분. 사건이 난 건 새벽 2시쯤. 그리고 새벽에 청계천에서 여기까지 달리면 얼추 10분쯤 걸리니까 딱 맞네요. 이건 어떻게 설명할 거예요?"

그러자 살짝 놀라는 표정의 도주중.

"그, 그 시간에 거길 지나간 건 맞아요. 하지만 청계천 쪽은 가지도 않았어요. 마, 마포 쪽에서 온 거예요."

이렇게 완강하게 부인하고 있으니, 가장 좋은 방법은 차 안에서 방황중의 핏자국이 있는지 확인하는 것. 다리 쪽에 출혈이 있었으니 기대해 볼 만하다. 그러나 결과는 실망스러웠다. 출혈이 많지 않아서였는지, 차의 시트나 바닥에서 방황중의 핏자국은 발견되지 않았다.

노숙자의 이상한 죽음

이제 어떻게 해야 된단 말인가! 요리가 기가 막힌 듯 말했다.

"어쩜 그렇게 거짓말을 잘하냐!"

"그러게 말이야. 그러니 그렇게 산 사람을 막 갖다 버리지."

"맞아, 맞아."

병원에만 데려가면 충분히 살 수 있는 사람을 그대로 갖다 버린 파렴치한 도주중. 정말 어떻게 하면 그의 죄를 밝혀낼 수 있을까?

그런데 바로 그때였다. 달곰이는 번쩍 떠오르는 것이 있었다.

"맞다! 거짓말 탐지기로 조사해 보면 어떨까?"

"거짓말 탐지기?"

모두 눈이 동그래져 물었다.

"응. 날아오는 공을 보고 얼른 몸을 피할 수 있는 건 우리 몸에 신경이 있기 때문이야. 신경은 감각 기관에서 받아들인 자극을 뇌로 전달하고 뇌의 명령을 다시 운동 기관에 전달하는 일을 하지. 그런데 신경 중에는 소화를 시키거나 심장을 뛰게 하는 등 사람의 의식과 상관없이 일어나는 운동을 지배해서 우리 몸이 정상적인 생체 활동을 유지하도록 해 주는 신경들이 있거든. 이런 신경들을 자율적으로 움직이는 신경의 모임이라고 해서 '자율 신경계'라고 하지."

"그게 거짓말 탐지기와 무슨 상관이 있어?"

영재가 물었다.

"거짓말 탐지기는 '자율 신경계가 의식적으로 조절되지 않는다.'는 원리를 이용하는 거야. 사람이 거짓말을 하면 그 사람의 의지와는 상관없는 신체 변화가 일어나. 혈압이 올라가거나 심장 박동수가 빨라지거나 땀이 많이 나거나 소름이 돋아서 피부가 닭살같이 되거나 눈동자가 커지는 등의 변화가 일어나지. 그 변화를 측정하면 그 사람이 거짓말을 하는지 아닌지를 알아낼 수 있어. 그게 바로 거짓말 탐지기야."

"하지만 '거짓말 탐지 결과는 정황 증거로 인정할 뿐 유, 무죄 증거로는 쓸 수 없다.'는 대법원 판례가 있어. 즉, 직접 증거는 될 수 없지."

박학다식한 나혜성이 말했다. 그러자 요리가 반대 의견을 냈다.

"물론 그렇지만 거짓말 탐지기로 검사해서 거짓말을 한다는 결과가 나오면 도주중도 자신의 혐의를 인정할 수밖에 없지 않을까? 아무리 간 큰 사람이라도 말이야."

글쎄, 그럴까? 하지만 지금으로선 그 방법이라도 해 보는 게 최선.

결국 아이들은 거짓말 탐지기를 써 보기로 했다. 조사관은 먼저 사건에 대해 알아본 다음 질문지를 만들었다. 질문은 모두 10개 정도. 사건과 관련된 질문 3개, 관련 없지만 심리를 알아내는 질문 3개, 일반적인 질문 3개 정도를 중간 중간에 배치했다. 이러한 질문 기법은 심리학자들이 몇 년 간의 자료를 모아서 정한 형식이라고 한다.

그런 다음 조사관은 심문 전에 먼저 도주중을 만나 사건 개요를 설명하고, 키와 몸무게 등의 신체 사항, 나이와 직업 등의 인적 사항을 조사한 후, 검사 원리를 설명해 주었다.

막상 거짓말 탐지기 검사를 한다고 하자, 도주중의 표정이 사뭇 달라졌다. 조사관의 친절한 설명에도 조사관과 눈도 못 마주치고 다리를 떠는 등 불안한 모습을 보이기 시작한 것이다.

드디어 조사가 시작되었다. 조사관은 작은 움직임도 체크하기 위해 센서가 부착된 판이 깔린 의자에 도주중을 앉혔다. 그리고 그의 가슴, 배, 팔, 손가락에 선을 연결해 혈압과 맥박, 호흡, 땀의 양 변화 등을 측정할 수 있도록 했다.

질문은 보통 3번 반복하고, 많게는 5번까지 반복하기도 한단다. 질문 하나에 5초 정도 걸리고 15초 동안 대답과 반응을 측정하는데, 그래프가 갑자기 치솟거나 이상한 모양을 그리면 거짓말이 의심되는 것.

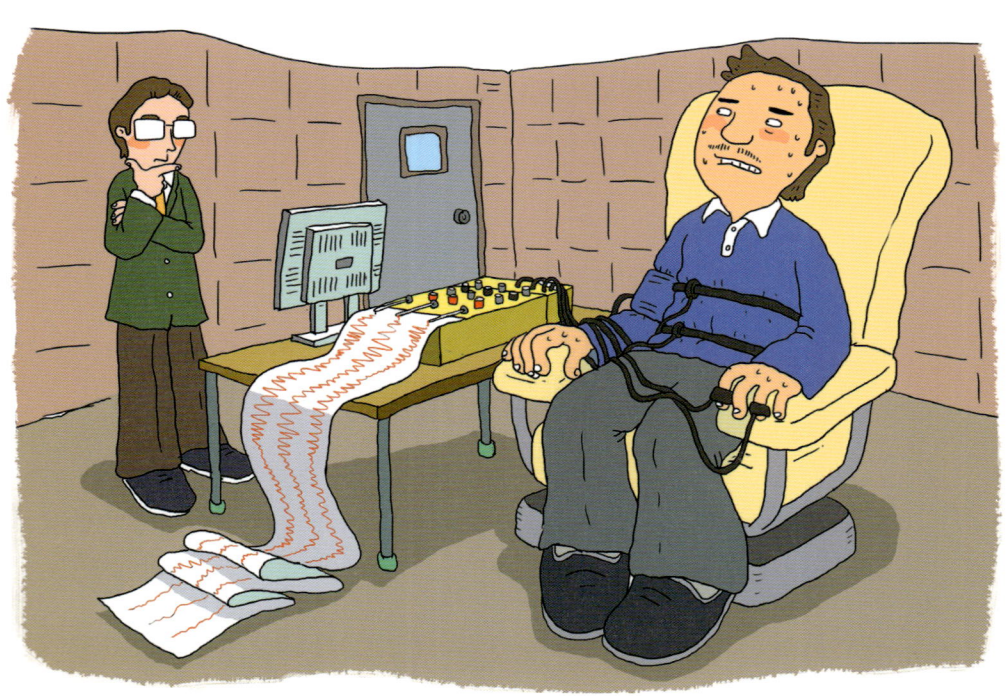

그렇게 준비된 질문을 모두 끝내면, 각 질문마다 보인 반응을 종합해 그가 거짓말을 하는지 아닌지를 최종 판별한다.

장장 4시간에 걸친 기나긴 조사가 끝나고 드디어 검사 결과가 나왔다. 모두 잔뜩 긴장한 나머지 숨 쉬는 소리, 침 넘어가는 소리조차 엄청 크게 들렸다. 조사관이 말했다.

"거짓말 탐지기의 정확도는 대략 95% 정도야. 100%는 아니지. 하지만 조사 결과, 도주중은 거짓말을 하고 있다고 할 수 있어."

그럴 줄 알았다니까. 그렇다면! 정 형사가 검사 결과를 가지고 도주중을 다그치기 시작했다.

"거짓말 탐지기 검사 결과 거짓말을 한다고 나왔는데, 계속 아니라고 할 거예요? 교통사고를 내고 처음엔 병원에 신고 가려고 했겠죠. 그런데 보니까 허름하고 술 취한 노숙자. 결국 본 사람도 없겠다, 그냥 갖다 버린 거 아니에요!"

조사 도중 심한 불안 증세를 보인 도주중은 거짓말 탐지기의 결과가 나오자, 결국 포기한 듯 자신의 혐의를 인정했다.

"얼어 죽을 거라고는 생각하지 못했어요. 누가 구해줄지 알았어요. 흑흑흑."

"생각하지 못했다고요? 이 추운 겨울에? 그것도 바람이 엄청 부는 갈대밭에 버리면서 그 생각을 못했다니, 말이 돼요? 당신이 거기에 버리지만 않았어도 살 수 있었어요!"

"갈대밭에 버리지 않았어요. 고속화 도로 위에 내려놓고 간 거예요."

갈대밭이 아니라 고속화 도로에 내려놓고 갔다고?

"차 밑에 사람이 있을 줄은 꿈에도 생각 못했어요. 차를 출발시키는 데 뭔가 걸린 느낌이 나더라고요. 그래서 차를 세우고 보니 사람인 거예요. 너무 놀라서 얼른 병원에 데려가려고 태웠는데, 가다 보니까 별로 많이 다친 것 같지도 않고, 또 행색을 보니 노숙자 같아서……."

사고 처리하면 벌점도 많이 받게 되고, 그럼 트럭 운전을 못하게 되니 순간 가족들 먹여 살릴 걱정이 들더라는 것.

"얼마 전 제 친구도 사고 한 번 냈다가 보상금 문제로 계속 괴로워하더라고요. 노숙자니까 돈 욕심에 보상금을 많이 달라고 하면 어쩌나 걱정도 되고……. 그래서 순간, 나쁜 맘이 들었어요. 정신을 차려 보니 차는 벌써 고속화 도로 위에 올라와 있더라고요. 그래서 그냥 갓길에 내려놓고 간 건데……. 정말 갈대밭으로 떨어뜨리지는 않았어요. 정말이에요."

결국 고속화 도로 위에서 깨어난

방황중은 술이 덜 깬 상태에서 도로 위를 헤매다가 도로 밑 갈대밭으로 떨어져 의식을 잃고 저체온증으로 사망한 것이었다.

아이들은 마음이 씁쓸했다. 아무리 먹고살 일이 걱정이었다 해도 다친 사람을 그대로 도로 위에 버리고 달아난 범인이나, 문제 삼을 사람이 없다는 이유로 대강 수사하고 마무리해 버리려고 한 경찰이나, 모두 다 그가 노숙자였기 때문이 아니었을까?

가족과 사회로부터 버림받고 하루하루를 어렵게 견디며 살아가는 노숙자들. 하지만 그들도 엄연히 한 인간이다. 그러니 인간의 기본적인 권리는 존중받아야 되지 않을까?

하지만 그래도 위안이 된다. 어리지만 불쌍한 사람을 도울 줄 아는 우리의 아이들이 있고, 김순미나 한진남과 같은 양심 있는 어른들이 있기 때문이다. 더불어 살아가는 사회, 그리고 그 안에서의 우리 모습을 다시금 느낄 수 있었던 사건이었다.

달곰이가 들려주는
사건 해결의 열쇠

한 노숙자의 어이없는 죽음. 범인이 범행을 자백하게 된 것은 범인이 거짓말을 한다는 것을 밝혀냈기 때문인데, 그건 우리 몸의 신경계에 대해 잘 알았기 때문이야.

💡 신경계

눈앞에 공이 날아온다고 생각해 봐. 우리는 눈으로 그 공을 보고, 피해야겠다는 생각을 하고, 얼른 몸을 피하지. 이 모든 일은 진짜 눈 깜짝할 사이에 벌어지는데, 사실 그사이에 우리 몸에서는 아주 놀라운 일이 일어나.

먼저 날아오는 공을 감각 기관인 눈이 감지하면 그 '자극'은 척수를 통해 뇌로 전달돼. 그러면 뇌는 행동을 판단해 '피하라.'는 명령을 내려. 이는 다시 척수를 통해 운동 기관으로 전달되어 몸을 피하는 행동으로 나타나.

〈자극의 전달 과정〉

이렇게 감각 기관에서 받아들인 자극을 뇌로 전달하고, 다시 뇌의 명령을 운동 기관으로 전달하는 역할을 하는 기관을 '신경'이라고 해. 그리고 신경이 모인 것을 '신경계'라고 하지.

신경계는 크게 두 부분으로 나뉘어. 뇌와 척수로 이루어진 부분을 '중추 신경계', 뇌와 척수에서 갈라져 나와 온몸에 연결된 감각 신경과 운동 신경을 '말초 신경계'라고 해.

신경이 정보를 뇌에 전달하는 속력은 위치와 굵기에 따라 차이가 있지만 보통 1초에 100m나 된다고 하니 정말 눈 깜짝할 사이라고 할 수 있지.

자율 신경계

우리 몸의 신경계는 내 의지대로 움직일 수 있느냐 없느냐에 따라 두 가지로 나뉘어. 손으로 물건을 집을 때처럼 사람의 의식으로 감각과 근육의 움직임을 조절하는 신경계를 '체성 신경계'라고 해. 그리고 숨을 쉬거나 소화를 시키거나 심장을 뛰게 하는 등 사람의 의식과 상관없이 일어나는 기관들의 운동을 조절해서 우리 몸이 정상적인 생체 활동을 하도록 유지해 주는 신경계를 '자율 신경계'라고 하지.

자율 신경에는 '교감 신경'과 '부교감 신경'이 있어서 서로 견제하면서 기관들의 운동을 적절히 조절해 줘. 예를 들면 사람이 살아가려면 심장이 박동하여 피를 온몸에 보내야 하는데, 교감 신경은 심장이 충분한 압력으로 강하게 박동할 수 있게 해 주지. 하지만 그 박동이 너무 강하면 심장에 무리가 가서 심장병에 걸리고 혈관에도 나쁜 영향을 주거든. 이때에는 부교감 신경이 필요 이상으로 강해진 심장 박동을 억제하지.

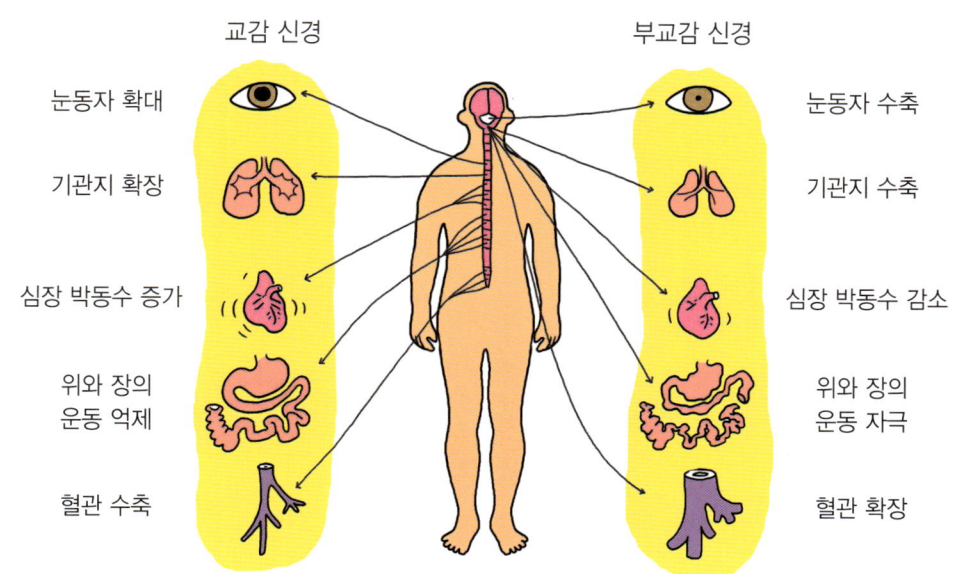

〈교감 신경과 부교감 신경의 기능〉

💡 거짓말 탐지기의 원리

거짓말 탐지기는 '자율 신경계는 의식적으로 조절되지 않는다.'는 원리를 이용해 거짓말을 하면 변하는 심장 박동, 체온, 호흡, 혈압, 맥박 등을 감지해 진실 여부를 판별하는 기계야. 거짓말을 하면 그에 따른 스트레스가 오는데, 이때 교감 신경이 활동해서 사람의 의식과 상관없이 혈압이 올라가거나 심장 박동수가 늘거나 땀이 많이 나는 등의 현상이 나타나는 것을 이용한 거지.

가슴에는 주름 고무 호스를 감아서 호흡의 변화를 공기압 변화로 나타내 주고, 팔에 혈압대를 감아서 그 속에 있는 고무 주머니 안의 공기압 변화를 기록해서 심장 박동의 변화를 알 수 있지.

또, 2개의 작은 전극을 손바닥이나 손가락 끝에 붙이면 전류의 변화를 증폭해서 땀의 양 변화를 잴 수 있어.

1885년에 이탈리아에서 처음 개발된 거짓말 탐지기는 제2차 세계 대전 당시 거짓 첩보를 가리는 수단으로 널리 쓰이기 시작했어.

거짓말 탐지기의 정확도는 대략 95% 정도. 대검찰청은 지난 3년 동안 거짓 반응이 나왔을 때 유죄 판결에 얼마나 영향을 줄 수 있는지 조사했는데, 95% 정도였대. 또, 경찰 자체에서 거짓말 탐지 검사의 신뢰성과 판결 결과를 대조한 결과도 95.6%의 정확도를 나타냈다고 해.

그러니까 거짓말 탐지기의 결과는 직접적인 증거가 될 수는 없어도 범인의 자백을 이끌어 내거나 사건의 상황을 파악하는 데 아주 유용한 자료로 사용될 수 있겠지.

그러니까 생각해 봐. 자신의 범행을 계속 부인하는 범인. 심증은 확실한데 물증이 없으니 결국 *그가 거짓을 말하고 있다는 사실을 알아내기 위해 거짓말 탐지기를 썼지.* 그리고 결과는 예상대로 거짓. 결국 심적 부담을 느낀 범인은 범행을 자백할 수밖에 없었어. 어때, 이젠 알겠지?

■ 핵심 과학 원리 – 밀도

시한폭탄을 제거하라!

내가 학교에 특별한 선물을 하나 두고 갔는데,
한 시간 안에 못 찾으면 펑! 하하하.
물론 힌트는 주지. 왜? 난 착하니까!

졸업 시험

드디어 겨울 방학이 끝나고 절대 오지 않았으면 하는 것이 왔으니, 바로 졸업 시험. 그동안 배운 모든 과목을 4일에 걸쳐 하루에 8시간씩 시험을 본다. 졸업 시험을 통과해야 졸업 하는 것은 당연한 이야기.

그런데 마음 잡고 공부 좀 하려 했던 겨울 방학도 국토 순례다 사건 해결이다 해서 어영부영 지나가 버렸으니, 아이들은 걱정이 태산이었다.

하지만 우리가 누구냐. 위기가 닥칠 때마다 언제나 최고의 열정과 집중력을 동원해 멋지게 극복한 'CSI'가 아니더냐! 그러니 이제 최고의 집중력을 발휘해 분치기, 아니 초치기라도 해야 될 판. 그렇게 첫날, 둘째 날, 셋째 날, 그리고 마지막 넷째 날까지. 역시 대단한 'CSI', 결국 졸업 시험을 무사히 마칠 수 있었다.

물론 결과는 장담할 수 없지만, 그래도 졸업할 만큼은 본 예감. 그러나 워낙 고도의 집중력을 발휘하다 보니, 시험이 끝나자 아이들은 완전 나사 풀린 로봇이 되었다. 사실 그동안 시험 끝나면 신 나게 놀겠다는 일념으로 버텨 왔는데, 힘들긴 힘들었나 보다. 어찌 저녁 먹자마자 하나 둘씩 사라지더니, 잠시 후 모두 곯아떨어지고 말았다. 그리고 정말 오랜만에 단잠을 잘 수 있었다.

하지만 다음 날 아침. 아무리 시험이 끝났어도, 또 몸이 천근만근 괴로운 상태라도 아침 운동은 절대 거를 수 없는 것이 철칙. 아이들은 아직도 싸늘한 늦겨울의 바람을 맞으며 아침 운동을 시작했다.

그런데 아이들이 막 운동장을 한 바퀴 돌았을 때였다. 아무 생각 없이 달리던 혜성이의 눈에 스치는 장면이 있었으니, 희뿌연 새벽 안개를 가르며 교문을 빠져나가는 낯선 차 한 대.

'이렇게 이른 아침에 누가 왔다 가나?'

하지만 곧바로 체육 선생님의 고함 소리가 귓전에 쩌렁쩌렁 울렸다.

"나혜성, 정신 차려!"

혜성이는 다시 헐레벌떡 아이들을 따라 달렸다. 그 순간 얼마나 황당한, 아니 끔찍한 일이 벌어지고 있는지 전혀 모른 채 말이다.

 서당파의 복수

아이들이 위기 상황임을 파악하게 된 것은 운동을 마치고 기숙사로 돌아왔을 때였다. 우편함 앞을 지나는데 유독 눈에 띄는 빨간 봉투가 들어 있었다. 우편물이 올 시간이 아닌데 뭐지 하는 생각으로 꺼내 보는 요리. 그런데 편지를 연 요리가 깜짝 놀라며 소리를 질렀다.

"뭐야! 서당파 이서방?"

순간, 앞서 가던 아이들이 모두 몰려들었다.

"서당파 이서방? 뭔데?"

아이들의 눈이 번쩍 마주치고, 혜성이가 재촉했다.

"빨리 열어 봐."

그런데 편지를 열어 보니, 이게 뭔가!

> 활약들이 대단하시더군. 좋아, 도전을 받아 주지.
> 우선 교장 선생님은 내가 모시고 간다.
> 그리고 내가 학교에 특별한 선물을 하나 두고 갔는데,
> 한 시간 안에 못 찾으면 펑! 하하하.
> 물론 힌트는 주지. 왜? 난 착하니까!
>
> 　　　　　　　　　　　　　서당파 보스 이서방

뭐냐, 이건! 서당파라면 얼마 전 마약 밀매 사건으로 제2보스 이만방과 제3보스 장철수까지 잡아넣고, 마카오에 숨어 있는 제1보스 이서방은 인터폴에 체포를 요청한 상태. 그런데 그가 복수하려고 왔다? 정말?

"가만, 그럼 아까 그 차가?"

순간, 혜성이는 아까 학교 정문을 빠져나가던 수상한 차가 생각났다.

"차? 무슨 차?"

"검은색 빅토리. 아까 운동할 때 나가더라고. 낯선 차라 이상하게 생각했는데."

그러자 요리가 다급하게 말했다.

"일단 교장 선생님부터 찾아보자."

말이 떨어지기가 무섭게 순식간에 흩어져 박 교장을 찾았지만, 예상대로 박 교장은 아무 데도 없었다. 전화해도 받지 않고. 그리고 교장실 문 앞에 떨어진 박 교장의 슬리퍼 한 짝. 그렇다면 박 교장은 정말 이서방에게 끌려갔단 말인가!

"가만, 생각 좀 해 보자. 일단 교장 선생님은 안 계셔. 그렇다면!"

혜성이의 말에 모두 동시에 소리를 질렀다.

"선물!"

선물은 무슨 선물이겠는가! '한 시간 안에 펑!'이라면 당연히 시한폭탄이겠지. 그러니까 지금 시한폭탄을 학교 어딘가에 설치했다는 말이다. 그렇다면 그것부터 빨리 찾아서 없애야 한다.

"달곰아, 일단 모두 대피시켜. 요리는 어 형사님한테 전화하고."

혜성이의 말에 달곰이는 방송실로 가고, 요리는 어 형사에게 전화했다. 아직 신혼의 단꿈에 젖어 있는 어 형사는 오랜 기숙사 생활을 마치고 매일 출퇴근을 한다. 그러니 현 상황을 빨리 알려야 한다. 그때였다.

시한폭탄을 제거하라! 139

"어, 이건."

영재가 박 교장의 책상 위에서 뭔가를 발견했다. 요리와 혜성이가 책상 쪽으로 가 보니, 뗐다 붙였다 하는 메모지 한 묶음이 책상 앞쪽에 나와 있고, 그 옆에 볼펜이 놓여 있다.

"왜? 뭔데?"

혜성이가 묻자, 영재는 얼른 연필꽂이에서 연필을 꺼내며 대답했다.

"볼펜으로 글씨를 쓰면 그 누르는 압력 때문에 밑에 있는 종이에도 흔적이 남기 마련이거든. 보니까 뭔가 씌어 있는 것 같아."

정말 눌린 자국이 있다. 그런데 눈으로 봐서는 무슨 글자인지 잘 모르겠다. 영재는 연필을 살짝 눕히더니 메모지 위에 문지르며 말했다.

"이럴 땐 이렇게 연필로 색칠하면 볼펜에 눌린 부분에는 흑연이 묻지 않기 때문에 글자가 드러나게 되지."

그러니까 미술 시간에 나뭇잎이나 동전 베끼기를 할 때 이용하는 '프로타주' 기법을 말하는 거다. 그런데 정말 글자가 나타났다. 'A109'.

"A109? 이게 뭐지?"

가만, 이게 이서방의 힌트?

"혹시 폭발물이 설치된 방 번호가 아닐까?"

영재의 말에 어 형사와 통화를 마친 요리가 말했다.

"아니야. 우리 학교의 방 번호에는 알파벳이 들어가지 않잖아. 그냥 숫자만 있지. 혹시 도서관의 서가 번호가 아닐까?"

"아니야. 도서관의 서가는 가나다로 시작하잖아."

혜성이가 고개를 저으며 대답했다. 그런데 바로 그 순간, 모두 동시에 떠오르는 게 있었으니!

"맞다! 사물함!"

그렇다. 아이들의 사물함 번호가 바로 알파벳과 세 자릿수로 되어 있다. 학교 안에 있는 각 건물 1층에는 모두 사물함이 있는데, 건물마다 구별하기 위해 A, B, C로 시작하는 번호를 붙여 놓은 것.

"A면 기숙사잖아."

그러니까 'A109'는 기숙사 109번 사물함! 그렇다면 기숙사에 폭탄이!

누가 먼저랄 것도 없이 순식간에 뛰어나가는 아이들. 그때 비상 사이렌이 울리기 시작하고, 모두 대피하라는 방송이 학교 울려 퍼졌다.

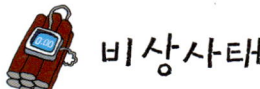

비상사태

갑작스런 비상사태에 학교는 난리가 났다. 이른 시간이라 아직 선생님과 직원들이 모두 출근하지 않은 것이 다행이라면 다행. 현재 후배들과 감독 선생님 두 분, 식당 아주머니와 수위 아저씨들만 학교에 있다.

비상 사이렌과 방송을 듣자 모두가 건물 밖으로 뛰어나와 운동장에 모였다. 달곰이는 얼른 상황을 설명하고 대피 명령을 내렸다.

그사이 다른 아이들은 거의 날다시피 해서 기숙사로 갔다. 있다. 사물함 'A109'. 너무나도 다행히 잠겨 있지 않다. 그런데 재빨리 열어 보니, 이건 또 뭔가! 폭탄은커녕 있는 것이라고는 달랑 나무껍질 한 조각.

"뭐야, 이게?"

"나무껍질이잖아!"

바로 그때였다. 대피 명령을 내리고 뒤따라 뛰어온 달곰이가 말했다.

"느릅나무 껍질이야."

"느릅나무 껍질?"

세 아이들이 동시에 물었다.

"어, 산속 물가나 계곡 근처에서 자라는 나무야. 나무껍질이 이렇게 흑갈색이고, 세로로 깊이 갈라지지."

"그런데 이게 왜 여기 들어 있지?"

영재가 묻자, 혜성이가 대답했다.

"이것도 힌트 아닐까? 폭탄이 숨겨진 곳을 가르쳐 주는."

"그럼 혹시 느릅나무가 있는 곳에?"

요리의 말에 달곰이가 소리쳤다.

"알았어. 뒷산이야!"

"뭐? 뒷산?"

쏜살같이 뛰어나가는 달곰이를 따라가며 세 아이들이 물었다.

"응. 개울 있는 데 큰 나무 있잖아. 그거야."

"그거 느티나무 아니었어?"

요리가 물었다.

"보기엔 비슷해 보이지만, 느릅나무야!"

그렇구나! 이제껏 느티나무인 줄 알았는데 느릅나무였구나! 그나저나 정말 느릅나무 있는 곳에 폭탄이 있을까?

순식간에 뒷산 느릅나무 앞까지 뛰어간 아이들. 그런데 땅을 유심히 살펴보던 달곰이가 한 곳을 가리키며 말했다.

"여기야! 흙 색깔이 달라."

보니, 정말 흙 색깔이 다르다. 그건 안에 있던 흙이 밖으로 나왔다는 말. 즉, 이미 파헤쳤다가 다시 덮었다는 뜻이다. 달곰이와 아이들은 재빨리 흙을 파기 시작했다. 그런데 정말 뭔가 있다! 꺼내 보니, 작은 상자. 달곰이가 상자를 열려 하자, 영재가 얼른 막으며 말했다.

느릅나무란?

산속 물가나 계곡 근처에서 자라는 나무로 느티나무랑 비슷하게 생겼어. 20~30m쯤 자라는 큰키나무로, 잎은 거꾸로 된 달걀 모양이고 끝이 뾰족하며 가장자리에 톱니가 2중으로 나 있지. 나무껍질을 '유피', 뿌리 껍질을 '유근피'라고 하는데, 껍질이 상당히 질겨서 옛날에는 껍질을 꼬아서 밧줄이나 옷을 만들기도 했대. 또, 배고플 때에는 껍질은 벗겨 먹고 잎은 쪄서 먹었으며 열매로는 술이나 장을 담그기도 했어. 뿌리 껍질은 지금도 이뇨제나 종기 치료제로 많이 쓰이지.

"잠깐, 그냥 열면 터질 수도 있어."

맞다. 그럴 수도 있다.

"내가 해 볼게. 요리야, 핀."

혜성이가 얼른 상자를 잡고 말했다. 요리가 얼른 머리에서 실핀을 하나 빼 주자 상자 밑과 뚜껑 사이의 작은 틈으로 살짝 핀을 꽂는 혜성이. 그러더니 상자를 확 열며 말했다.

"열려 있는데."

휴! 괜히 긴장했군. 그런데 이게 뭔가. 열쇠다! 그것도 똑같은 모양의 황금 열쇠 두 개. 언뜻 보기에는 크기도 거의 비슷해 보인다. 그리고 열쇠 밑에 편지가 있다. 요리가 얼른 꺼내 읽었다.

> 오, 놀라운걸. 역시 'CSI'야! 하지만 이제부터는 쉽지 않을걸? 두 황금 열쇠 중 어떤 게 진짜 폭탄이 든 상자의 열쇠일까?
> 물론 맞지 않는 열쇠로 열면, 그대로 펑!
> 아 참, 또 한 가지! 아직도 폭탄이 든 상자를 발견하지 못했군. 열심히 찾아야 될 거야.
> 시간이 없으니까. 하하하!
>
> 서당파 보스 이서방

뭐야! 지금 장난하자는 것도 아니고. 아이들은 슬그머니 화가 치밀었다. 이제 남은 시간은 겨우 20분. 그런데 아직 폭탄이 어디 있는지 찾지도 못했고, 두 개의 열쇠 중 어떤 게 진짜인지도 알아내야 한다. 다급한 나머지 달곰이가 울상이 되어 말했다.

"시간이 없어. 어떡해?"

다른 아이들도 걱정되기는 마찬가지. 하지만 우리가 누구냐. 국제 테러 단체 알키우다의 폭탄 테러까지 막아 낸 'CSI'가 아니던가!

"걱정 마. 우린 할 수 있어."

그래도 형이라고 혜성이가 다른 아이들을 격려했다. 그렇다. 우리는 천하의 'CSI'다!

바로 그때였다. 상자에서 나온 열쇠를 만져 보던 요리가 말했다.

"알았어. 어떤 게 진짜 열쇠인지 알아낼 방법을 찾았어."

"정말? 뭔데?"

모두 동시에 물었다.

"둘 다 똑같은 황금 열쇠로 보여도 분명히 하나는 순금이 아닐 거야."

"그럼 순금으로 만든 게 진짜 열쇠라는 거야?"

달곰이가 물었다. 그러자 요리가 고개를 저었다.

"아니, 그 반대야."

"반대?"

"응. 열쇠를 열쇠 구멍에 넣고 돌리려면 적당한 힘을 주어야 해. 그러려면 열쇠가 어느 정도 강도가 있어야 하는데, 순금은 너무 물러. 그러니까 열쇠로 쓰기엔 적당하지 않지."

"그럼 가짜 순금 열쇠가 진짜 열쇠?"

혜성이의 말에 요리가 고개를 끄덕였다.

"맞아. 그러니까 가짜 순금 열쇠, 즉 합금 열쇠를 찾아내면 돼."

"난 아무리 봐도 둘 다 똑같은데? 둘 다 순금 같아."

"걱정 마. 밀도 차를 이용하면 금방 찾아낼 수 있으니까."

그러자 혜성이가 얼른 상황을 정리했다.

"좋아. 그럼 요리 넌 달곰이랑 같이 가서 진짜 열쇠를 찾아 와. 우리는 폭탄이 든 상자를 찾을 테니까."

"알았어."

아이들은 다시 학교로 뛰어갔다. 그런데 운동장 한쪽 구석에 대피해 있던 후배들이 아이들을 발견하고는 뛰어와 물었다.

"선배님, 어떻게 된 거예요?"

"정말 폭탄이 있어요?"

"교장 선생님은요?"

바로 그때였다.

"뭐야? 어떻게 된 거야?"

요리의 비상 연락 전화를 받고 부리나케 달려온 어 형사. 얼굴은 사색이 되어 있었다.

"서당파 이서방이에요."

"폭탄은?"

"아직 못 찾았어요."

그러자 후배들이 일제히 나서며 말했다.

"저희도 찾을게요."

"네, 저희도 도울게요."

하지만 혜성이가 단호한 목소리로 말했다.

"안 돼. 어 형사님, 빨리요. 18분밖에 안 남았어요."

"알았어. 얘들아, 일단 나가자. 빨리 나가세요, 빨리요."

어 형사가 후배들과 직원 모두를 학교 밖으로 대피시키기 시작했다. 남은 시간은 18분. 그 안에 폭탄을 제거해서 학교를 살려야 한다!

 폭탄을 제거하라!

요리와 달곰이는 곧바로 실험실로 뛰어갔다. 요리는 도착하자마자 저울에 열쇠를 올려놓더니, 각각의 질량을 쟀다. 똑같다. 300g.

"좋았어. 달곰아, 물!"

"물? 어, 어."

달곰이가 재빨리 물을 가져오자, 요리는 두 개의 눈금 실린더를 꺼냈다. 그러고는 각각에 100mL씩, 똑같은 양의 물을 부었다. 그러더니 열쇠를 하나씩 넣었다.

"밀도는 물질의 질량을 부피로 나눈 값을 말하는데, 물질의 종류마다 달라. 그리고 금은 금속 중에서 밀도가 아주 큰 편이야. 그래서 뭔가 다른 물질이 섞여 있다면, 순금보다 밀도가 작을 확률이 높지."

"그럼 합금 열쇠가 순금 열쇠보다 밀도가 작다?"

"그렇지. 그리고 질량은 같은데 밀도가 작다는 것은 부피가 크다는 얘기지. 바로 이렇게."

두 눈금 실린더를 보니, 물을 똑같이 100mL씩 넣었는데 열쇠를 넣고 보니 적은 차이지만 분명 부피가 달라졌다.

부피란?

음료수 병을 살펴보면 500mL, 1.5L 등이 씌어 있지? 그게 바로 부피야. '부피'란 물체가 차지한 공간의 크기를 말해. 단위는 cm^3, mL, L 등을 쓰는데, $1cm^3$는 1mL와 같고 1L는 1,000mL와 같지. 직육면체와 같이 일정한 모양을 가진 고체는 밑면의 넓이와 높이를 알면 부피를 구할 수 있고, 액체의 부피는 눈금 실린더를 이용해 잴 수 있지. 또, 돌같이 모양이 불규칙한 고체는 액체 속에 넣어서 증가하는 부피를 재면 구할 수 있어.

물이 더 높이 올라간 눈금 실린더를 가리키며 달곰이가 물었다.

"이쪽 눈금이 더 올라갔으니까 이쪽 열쇠의 부피가 더 크다는 말이네."

"그렇지. 그건 밀도가 작다는 말. 그러니까 이게 합금 열쇠. 바로 우리가 찾는 열쇠지."

이렇게 간단하게 찾아내다니! 달곰이는 신기했다. 그런데 이 열쇠가 맞는다 하더라도 문제는 또 있다. 아직까지 폭탄이 든 상자를 발견하지 못한 것. 아니, 도대체 상자가 학교의 어디에 있는지조차 찾지 못한 것이다. 바로 그때, 요리의 휴대 전화가 요란하게 울렸다. 혜성이였다.

"찾았어. 교장실이야!"

교장실? 폭탄이 계속 교장실에 있었단 말인가! 요리와 달곰이는 진짜 열쇠를 들고 냅다 교장실로 뛰었다. 가 보니, 혜성이와 영재가 책상 위의 작은 상자를 가리키며 말했다.

"이거야."

"어, 이건 아까 그 상자?"

그렇다. 아까 나무 밑에서 찾아낸 상자와 같은 것이다. 달곰이의 물음에 영재가 대답했다.

"맞아. 상자를 보니까 문득 아까 책상에서 본 것 같더라고. 그래서 와 봤더니, 진짜 똑같은 게 있잖아. 그러니까 이 상자가 분명해."

그럼 코앞에 두고 이제껏 이리 뛰고 저리 뛰고 했단 말인가! 이제 남은 시간은 1분. 더 이상 머뭇거릴 시간이 없다. 혜성이가 물었다.

"열쇠는?"

"어, 이거야."

요리가 열쇠를 내밀자 혜성이가 재빨리 상자의 열쇠 구멍에 열쇠를 꽂았다. 그러고는 천천히 열쇠를 돌리기 시작하는데……. 모두 긴장감에 침이 저절로 꿀꺽. 만약 요리가 찾아낸 열쇠가 진짜 열쇠가 아니라면? 정말 편지에 씌어진 대로 순식간에 펑! 터져 버린다면? 그 짧은 시간에 오만 가지 생각이 스쳐 가는데, 찰칵! 상자가 열리는 소리가 들렸다.

"됐다!"

드디어 상자가 열렸다. 맞다! 시한폭탄이 들어 있다. 이제 남은 시간은 30초! 다행히 간단한 구조의 폭탄이다. 혜성이가 능숙한 솜씨로 재빨리 폭탄에 불을 붙이는 뇌관을 분리하기 시작했다. 지난번 폭탄 테러 사건 이후 열심히 연마한 덕분이다. 남은 시간 10초, 9초, 8초, 띠띠띠…….

"성공이다! 성공!"

8초를 남겨 두고 시한폭탄의 타이머가 멈춘 것이다. 됐다! 이제 살았다! 아이들은 너무 좋아 서로 얼싸안고 방방 뛰었다. 그런데 가만, 이러고 있을 때가 아니지!

"교장 쌤, 빨리 교장 쌤을 구해야 돼."

요리의 말에 혜성이가 말했다.

"일단 교문 앞 CCTV부터 찾아보자. 아까 나간 차가 찍혀 있을 거야."

그러자 이번에는 영재가 말했다.

"맞다. 교장 쌤 휴대 전화, 위치 추적되잖아. 난 그것부터 해 볼게."
"난 전국 경찰에 이서방 수배령 내릴게."
달곰이의 말에 요리도 나섰다.
"분명히 이서방 혼자 하진 않았을 거야. 지난번에 빠져나간 서당파 똘마니들을 찾아볼게."
정말 호흡 하나는 척척 맞는 환상의 'CSI'.
'교장 쌤, 기다리세요. 저희가 갈게요.'

졸업 시험을 통과하다

그런데 아이들이 막 교장실을 나오려는 순간이었다. 갑자기 펑!
"헉! 무슨 소리야?"
"어떡해! 한 개가 아니었나 봐!"
이런! 정말 그 생각은 못했다. 그렇다면 두 개 이상일 수 있다는 말. 아이들은 순식간에 문을 박차고 뛰어나왔다. 그런데 이게 어찌 된 일인가. 바로 앞에서 또다시 펑!

소스라치게 놀란 아이들. 그런데 이게 뭔가! 아이들 머리 위로 떨어지는 오색찬란한 꽃가루. 그리고 우렁찬 박수 소리. 정신을 차리고 보니, 후배들이 꽃가루를 뿌리며 박수를 치는 것이었다.
"축하해요, 선배! 하하하."

뭐? 축하? 아니, 이건! 이때 후배들과 함께 박수를 치던 어 형사가 신나서 말했다.

"짠! 너희를 위해 특별히 준비한 마지막 서프~~라이즈 졸업 시험!"

뭐라고? 졸업 시험? 그때였다. 후배들 뒤쪽에서 마냥 즐거운 표정으로 나타나는 박 교장.

"무사히 통과한 것을 축하한다! 모두 박수!"

"와!"

통과라니! 그럼 지금까지 벌어진 상황이 실제 상황이 아니라, 서당파의 복수가 아니라, 졸업 시험이었단 말인가! 게다가 후배들까지 합세했다는 말이지! 아직도 어리바리 정신없는 순진한 달곰이가 물었다.

"어떻게 된 거예요?"

눈치 빠른 혜성이가 대신 대답했다.

"어떻게 되긴. 속은 거지, 까맣게. 가만, 그럼 아까 교문 밖으로 나간 낯선 차는 일부러 우리 눈에 띄라고?"

"그렇지. 나의 멋진 머리에서 나온 철저한 계획이었지, 흐흐흐."

어 형사가 만족한 웃음을 띠며 말하자 요리가 약이 올라 투덜거렸다.

"으~, 너무해요! 얼마나 놀랐는데요."

"왜? 몰랐어? 필기 시험 다음에 실기 시험 있는 거."

어 형사의 말에 영재가 억울하다는 듯 말했다.

"말씀 안 해 주셨잖아요."

"그런 걸 꼭 말해야 아냐? 훌륭한 형사라면 당연히 감으로 알아야지. 가만, 그러고 보니 이거 그냥 통과시키면 안 되는 거 아니에요? 정말 훌륭한 형사라면 이 모든 게 우리의 작전이라는 것까지 알아차려야 되는 거잖아요."

"물론 그렇지. 하지만 우리가 워낙 철두철미하게 계획해서 그런 거니까 그건 이 교장의 권한으로 특별히 봐주지."

헉! 지금 두 분 뭐라고 하시는지. 병 주고 약 준다는 말이 딱 맞는 격.

"하하하!"

후배들은 뭐가 그리 좋은지 박장대소. 그래 웃자! 그래도 통과, 졸업은 할 수 있다는 말이니까.

꿈을 찾아서

이제 내일이면 졸업식. 그리고 모두가 헤어져야 할 시간. 아이들은 그동안 자신의 미래에 대해 진지한 고민을 계속해 왔다.

이제까지 어린이 형사 학교 졸업생들은 대부분 그대로 '국립 형사 학교'에 진학했다. 전액 장학금에 정식 경찰로 계속 경험을 쌓을 수 있을 뿐 아니라 적지만 월급도 나온다. 졸업하면 경찰 대학에 자동으로 입학 자격이 주어지고 교환 학생으로 외국에 나가 공부할 수 있는 기회도 많다. 말 그대로 보장된 경찰의 길.

하지만 아이들은 과연 그 길이 자신의 길인지 다시 한 번 생각해 보았다. 어렸을 때의 꿈은 뭐였지? 경찰로 살아가는 나의 삶이 행복할 수 있을까? 내가 진짜 이루고자 하는 꿈은 무엇일까? 그리고 드디어 결심했다.

요리는 프랑스로 유학을 가기로 했다. 어렸을 때부터의 꿈인 요리 공부와 새로운 꿈인 심리학 공부를 같이 하기로 한 것. 프로파일러 장 형사의 소개로 그녀가 공부했던 학교에 당당하게 입학 허가를 받았다.

요리 연구가가 될지, 심리학자가 될지, 아니면 범인의 마음까지 읽을 수 있는 멋진 형사가 될지는 아직 결정하지 않았다. 하지만 열심히 하다 보면 진짜 나의 길이 보이지 않겠는가!

혜성이는 코단의 제안을 받아들여 미국으로 유학을 떠나기로 했다. 우주 과학자가 되기로 한 것. 그래서 미국 최고의 과학 고등학교에 입학 허가를 받았고, 방학 동안에는 미국 항공 우주국(NASA)의 특별 연구원으로 일할 수 있는 자격도 얻었다. 물론 코단을 도와 탐정 일도 같이 할 예정이다.

솔직히 혜성이는 요리와 유학을 같이 가고 싶었다. 그래서 어차피 유학을 갈 거라면 미국으로 같이 가자고 엄청난 용기를 내어 말했다. 하지만 혜성이의 마음도 몰라주고 요리는 결국 프랑스를 선택했다. 자꾸 서운하고 속상한 마음이 드는 혜성이. 하지만 어쩔 수 없지 않은가! 그냥 보내 줄 수밖에.

사실, 요리도 혜성이와 함께 가고 싶은 마음에 고민을 많이 했다. 하지만 진짜 요리가 가고 싶은 곳은 프랑스. 그렇다면 프랑스로 가는 게 옳다는 결론을 얻었다.

한편, 달곰이는 우리나라 최고의 과학 고등학교에 진학하게 되었다. 어렸을 때부터의 꿈인 생물학자가 되기로 한 것. 게다가 수석 입학이라 전액 장학금은 물론 용돈도 나온다. 요리와 혜성이가 유학을 간다는 말에 유학을 가고 싶은 마음이 들지 않은 것은 아니다. 하지만 할머니를 혼자 남겨 두고 떠날 수는 없다.

그런데 며칠 전 남우 할아버지가 정말 뜻밖의 큰 선물을 주셨다. 할머니를 서울로 모셔 와 함께 살 수 있도록 집을 마련해 주신 것이다. 정말 눈물 나게 고마운 일이 아닌가! 게다가 남우네 집에 있는 할아버지의 식물원을 개조해 개인 연구실까지 만들어 주셨으니, 달곰이는 감사해서 몸 둘 바를 몰랐다. 그리고 결심했다. 이렇게까지 자신을 위하고 사랑해 주는 분들을 절대 실망시키지 않겠다고. 정말 열심히 공부해서 세계 최고의 생물학자가 되겠다고.

결국 영재만이 국립 형사 학교에 진학하게 되었다. 물론 수석 입학. 영재에게 어린이 형사 학교는 왜 공부를 해야 하는지, 또 자신이 열심히 갈고닦은 지식과 능력으로 세상의 악을 찾아내 벌주고, 누군가에게 새삶과 희망을 줄 수 있다는 사실이 얼마나 보람 있는 일인지를 가르쳐 주었다. 그래서 진짜 형사가 되기로 마음먹은 것.

평생 친구도 없이 공부만 할 것 같았던 영재가 적극적이고 긍정적이며 사회적인 아이로 잘 자란 것을 본 영재의 부모님도 영재의 선택을 존중해 주었다. 게다가 세계 어디든 원하는 곳에 교환 학생으로 갈 수 있으니, 좋아하는 요리가 있는 프랑스에도 갈 수 있다.

결국 그렇게 각자의 꿈을 찾아 제각기 다른 선택을 한 아이들. 박 교장도 어 형사도 아이들과 헤어져야 한다는 것이 아주 많이 서운했지만, 아이들의 결정에 박수를 보내 주었다.

그렇다. '꿈꾸는 자만이 꿈을 이룰 수 있다.'고 하지 않았던가! 꿈이 있기에, 그리고 그 꿈을 향해 열심히 노력하는 아이들이기에 분명히 꿈을 이룰 수 있으리라. 우리의 멋진 'CSI'니까!

요리가 들려주는
사건 해결의 열쇠

서당파가 복수하기 위해 설치한 줄 알았던 시한폭탄. 그 시한폭탄이 든 상자를 열 수 있는 진짜 열쇠를 찾아낼 수 있었던 것은 밀도에 대해 잘 알았기 때문이야.

💡 밀도란?

'밀도'란 단위 부피에 대한 질량, 즉 물체의 질량을 부피로 나눈 값을 말해. 그래서 단위로 kg/m^3나 $g/cm^3(=g/mL)$를 쓰지.

밀도는 물질마다 다 다르기 때문에 물질을 구별하는 특성이 돼. 금은 밀도가 $19.3g/cm^3$로 아주 큰 편이야. 은의 밀도는 $10.5g/cm^3$ 로 금보다 훨씬 작지. 물의 밀도는 거의 $1g/cm^3$에 가깝고, 기름은 물보다 밀도가 작지.

그래서 어떤 물체를 물에 넣었을 때 밀도가 1보다 작은 물체는 뜨고, 1보

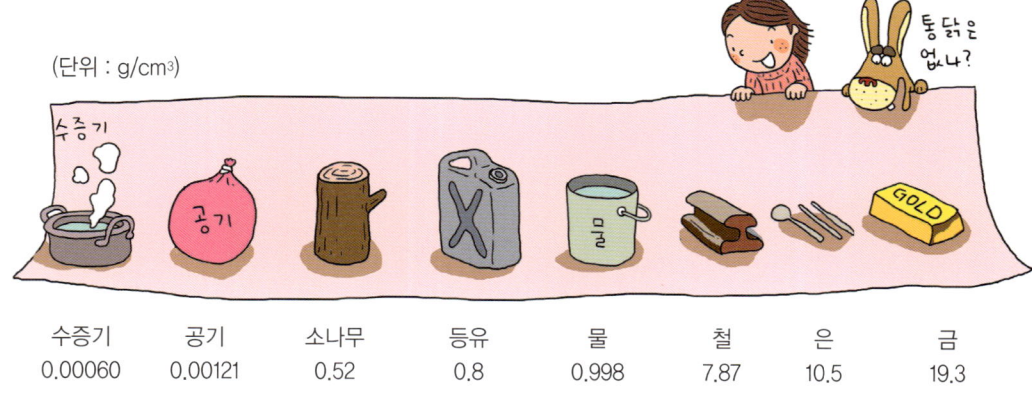

〈여러 가지 물질의 밀도〉

다 큰 물체는 가라앉아. 물속에 못과 나뭇조각을 넣어 보면 못은 가라앉고 나뭇조각은 뜨잖아? 못은 철로 되어 있어 밀도가 1보다 크니까 가라앉고, 나뭇조각은 밀도가 1보다 작아서 뜨는 거야. 물론 기름도 물보다 밀도가 작기 때문에 물 위에 둥둥 뜨는 거지.

밀도 차에 따른 부피의 차이

그럼 질량이 같은 두 물체를 비교했을 때 밀도가 작다는 것은 무엇을 의미할까?

똑같은 질량의 쇳덩이와 나뭇조각의 부피를 비교해 보면 나뭇조각의 부피가 훨씬 큰 것을 볼 수 있어. 두 물체의 밀도가 다르기 때문이야. 철의 밀도는 $7.87g/cm^3$, 나무의 밀도는 소나무의 경우 $0.52g/cm^3$야. 이렇게 쇳덩이의 밀도가 나뭇조각보다 더 크기 때문에, '밀도는 물체의 질량을 부피로 나눈 값'이라는 정의에 따라 질량이 같을 때 나뭇조각의 부피가 상대적으로 큰 거야. 즉, 똑같은 질량일 경우 밀도가 작은 물질의 부피가 더 크지.

〈같은 질량, 다른 부피〉

그렇다면 밀도가 다른 두 물질을 섞으면 어떻게 될까? 무거운 물질의 밀도보다 작아지겠지. 예를 들어 금과 은을 섞어 합금을 만들면 순금보다 밀도가 작아져. 질량은 똑같은데 밀도가 작아진다는 것은 부피가 커진다는 얘기니까, 결국 질량이 같더라도 순금보다 합금의 부피가 더 커지지.

밀도 차를 이용해 합금 찾기

그러니까 똑같이 생긴 두 물체가 구성하고 있는 물질까지 똑같은지 알아보려면 밀도 차를 이용하면 돼. 같은 질량이라도 밀도가 작을수록 부피가 크니까 부피를 재어 보면 되지. 부피와 질량이 모두 같으면 구성 물질이 똑같다고 생각할 수 있어.

열쇠처럼 모양이 불규칙한 고체의 부피는 어떻게 잴까? 가장 쉬운 방법은 바로 물에 넣어 보는 거야. 물이 담긴 눈금 실린더에 열쇠를 넣은 후 증가한 물의 부피를 구하면 그게 바로 열쇠의 부피지. 질량이 같은 물체의 경우 두 개의 눈금 실린더에 똑같은 양의 물을 넣고 각각 물체를 넣어 보면,

〈밀도 차를 이용한 합금 찾기〉

밀도가 작은 물체가 든 쪽의 눈금 실린더에서 물이 더 많이 올라가는 것을 볼 수 있어. 밀도가 작은 물체의 부피가 더 크기 때문이지.

고대 그리스의 유명한 과학자이자 수학자인 아르키메데스도 새로 만들어 온 왕관이 순금으로 되어 있는지, 아니면 은을 섞었는지를 밝혀내라는 왕의 명령을 해결하기 위해 같은 방법을 썼어. 왕관과 똑같은 질량의 순금 덩어리를 준비한 다음, 왕관과 순금 덩어리를 각각 물이 가득 차 있는 그릇에 넣고 넘쳐 나온 물의 양을 잰 거야. 그랬더니, 왕관 쪽이 순금 덩어리보다 더 많은 양의 물이 넘쳤지. 이는 왕관의 부피가 순금보다 더 크다, 즉 왕관의 밀도가 순금보다 작다는 것을 뜻하는 것. 한마디로 왕관이 순금으로 만든 게 아니라 은이 섞여 있다는 것을 밝혀낸 거지.

그러니까 생각해 봐. 두 개의 열쇠 중 자물쇠를 열 진짜 열쇠를 찾아야 되는데, 보통 순금은 물러서 열쇠로 쓰지 않지. 그러니까 합금 열쇠가 바로 진짜 열쇠. **합금은 순금보다 밀도가 작기 때문에 같은 질량일 경우 부피가 크지.** 언뜻 보기에는 비슷해 보여도 물에 넣어 부피를 재 보면 확실하게 그 차이를 알 수 있지. 그래서 결국 부피가 큰 열쇠가 바로 상자를 열 진짜 열쇠라는 것을 알 수 있었어. 어때, 재밌지?

"나 멋진 거야 원래 알잖아? 뭘 그리 새삼스럽게시리."

"잘난 척하는 걸 보니 혜성이 형 맞긴 맞네."

"난 머리만 조금 손봤을 뿐이고요, 후훗."

"여기서 이럴 게 아니지. 내가 한턱 쏠게. 가자!"

"어 형사님, 멋쟁이~"

"좋아!"

"꺄아악~ 사람이 쓰러졌다!!"

사건이다!!

요리와 달곰이가 쓰러진 사람을 살피고, 혜성이와 영재가 재빨리 도망가는 사람을 쫓기 시작했다. 역시 'CSI'의 본능은 절대 감출 수 없나 보다. 그렇다. 한 번 'CSI'는 영원한 'CSI'가 아니겠는가! 그러니 부탁한다. '어린이 과학 형사대 CSI'여, 영원하라!

어린이 과학 형사대 CSI의 대 활약! 시즌 2로 새롭게 펼쳐집니다.

특별 활동

CSI, 함께 놀며 훈련하다!

요리랑 함께 하는 신기한 놀이

물질이 타고 나면?

물질이 타는 데에는 산소가 필요해. 이것을 간단한 실험으로 알아볼까? 불을 쓰니까 안전에 유의하고.

준비물: 초, 작은 촛대, 투명한 그릇, 물감 탄 물, 큰 유리컵, 성냥

❶ 촛대에 초를 꽂은 후 투명한 그릇 가운데에 세운다.

❷ 투명한 그릇에 물감 탄 물을 3/4 정도 담는다.

❸ 초에 불을 붙인다.

❹ 큰 유리컵을 덮어 두고 살펴본다.

잠시 후에 컵이 뿌옇게 되지? 초가 타면서 생긴 수증기가 물이 되어 컵 안에 맺힌 거야. 잠시 더 놔 두면 촛불은 꺼지고, 밑에 있던 물감 탄 물이 점점 올라와. 이는 컵 안에 있던 산소가 연소에 쓰여 없어지면서 그 빈 공간을 물이 채우기 때문이지.

❷ 밀도 탑 쌓기

물질마다 밀도가 다르다는 원리를 이용하면 아주 재미있는 색깔 탑을 쌓을 수 있어. 같이 해 볼래?

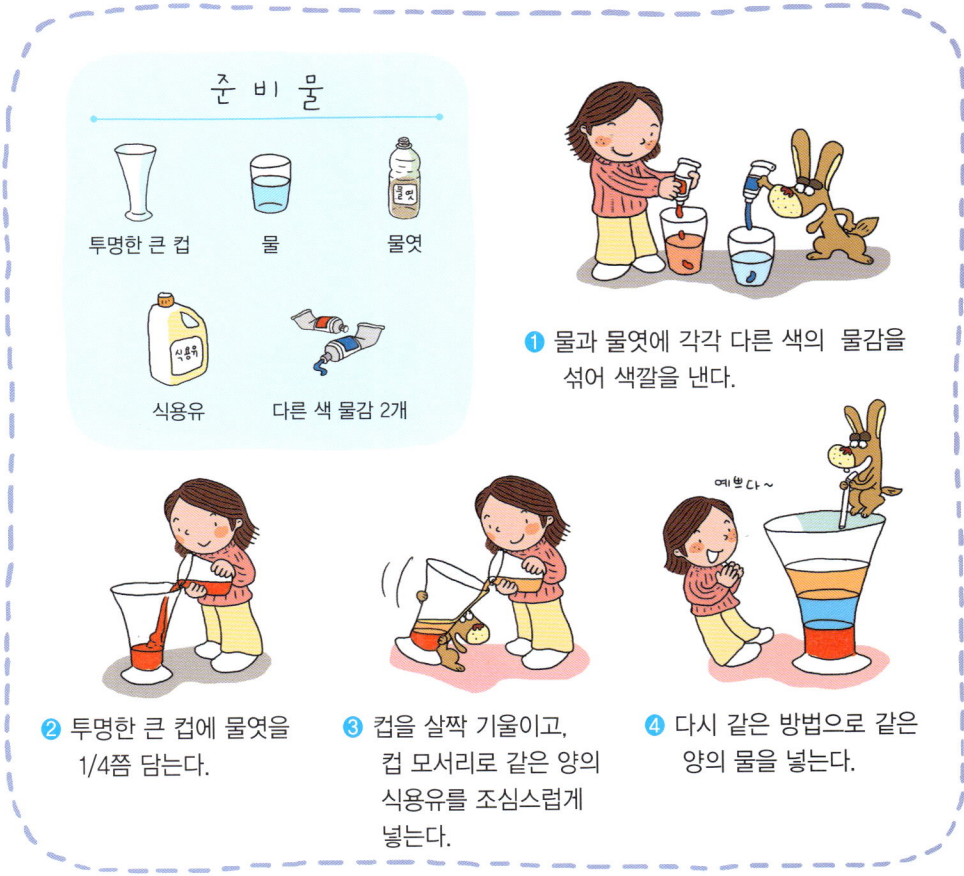

잠시 가만히 두면, 어때? 물과 식용유가 자리를 바꿔 제일 밑에는 물엿, 그 다음은 물, 그 다음은 식용유. 차례대로 예쁜 색깔 탑이 만들어지지? 그 이유는 밀도 차이 때문이야. 밀도가 큰 물질과 작은 물질이 만나면 밀도가 큰 물질은 밑으로 가라앉고, 작은 물질은 그 위에 뜨기 때문이지.

 혜성이랑 함께 하는 신기한 놀이

❶ 솔방울 습도계

소나무의 열매인 솔방울은 방 안이 습한지 건조한지를 알려 주는 습도계로 쓸 수 있어. 아주 신기해.

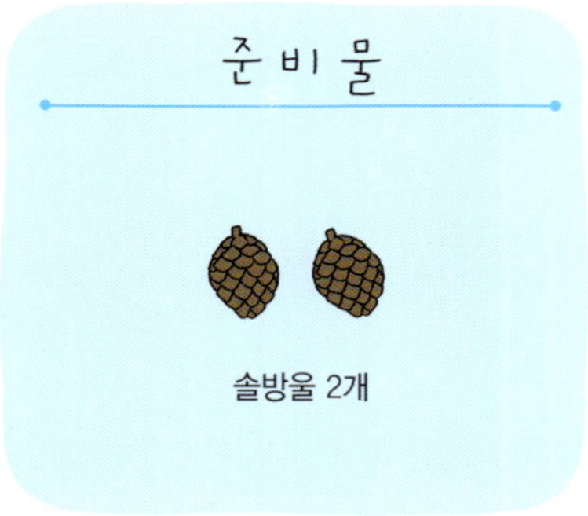

준비물
솔방울 2개

❶ 솔방울 1개는 건조한 방의 히터 위에 올려놓는다.

❷ 또 다른 솔방울 1개는 축축한 공기가 있는 욕실에 놓는다.

❸ 잠시 후에 각각의 솔방울 모양이 어떻게 달라지는지 비교한다.

어때? 건조한 방의 히터 위에 둔 솔방울은 비늘잎이 활짝 벌어지는 반면, 습한 곳에 있던 솔방울은 비늘잎이 닫혀 있지? 소나무의 씨는 솔방울 속에서 자라. 주위가 건조하면 솔방울의 비늘잎이 벌어져 그 속에 있는 씨가 날아갈 수 있게 하지만, 습기가 많으면 씨가 습기에 젖지 않도록 꽉 닫히지.

❷ 달 보고 비 오는 날 알아맞히기

달을 보고 다음 날 비가 올지 알아맞히는 방법이 있어. 바로 달무리가 지는지 보는 건데, 정말인지 확인해 볼까?

준비물
내일의 일기 예보

❶ 내일의 날씨를 확인해 비 오는 날을 선택한다.

❷ 바로 전날 밤, 달을 관찰하여 달무리가 지는지 본다.

❸ 다음 날 진짜 비가 오는지 확인한다.

'달무리'는 달 주위에 나타나는 동그란 빛의 띠를 말하는데, 대기 중에 떠 있는 얼음 알갱이에 의해 달빛이 꺾여서 생겨. 그러니까 맑은 날보다는 구름이 낀 날, 즉 저기압이 접근해 올 때 생기지. 실제로 달무리가 나타날 때 비가 올 확률은 60~70% 정도로 매우 높은 편이야.

영재랑 함께 하는 신기한 놀이

① 소리 총 만들기

소리는 공기의 진동을 통해 전달된다는 것을 눈으로 확인해 볼까? 바로 소리 총을 만드는 거야.

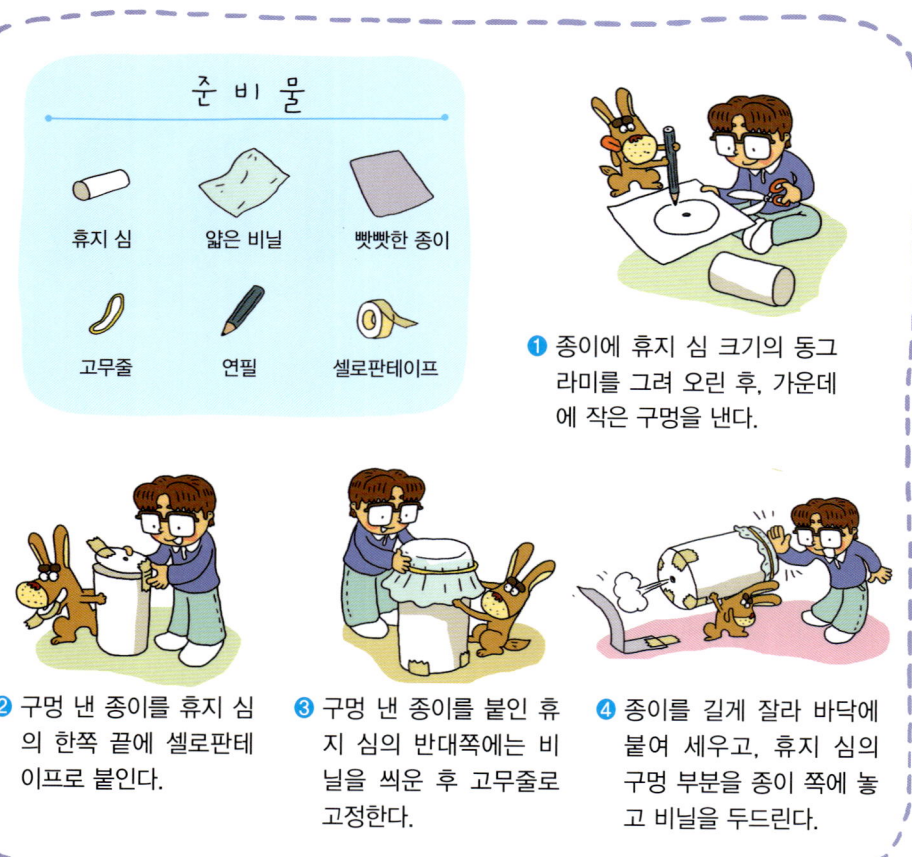

어때? 비닐을 두드려 톡톡 소리를 낼 때마다 종이가 흔들리는 것을 볼 수 있지? 비닐을 두드려서 생긴 진동이 휴지 심을 따라 내려가 구멍을 통해 빠져나온 후, 종이 주위의 공기를 진동시키기 때문에 종이가 흔들리는 거지. 그러니까 소리는 공기의 진동을 통해 전달된다. 이제 확실히 알겠지?

② 소리를 흡수하는 것은?

우리 주변의 물건 중에서 소리를 잘 흡수하는 물건은 어떤 게 있을까? 간단하게 실험해 보자.

어때? 부드럽고 푹신푹신한 물건이 훨씬 소리를 잘 흡수한다는 것을 알 수 있지? 왜냐하면 부드럽고 푹신푹신한 물건은 입자 사이에 빈 공간이 많아서 그 공간이 소리를 흡수하기 때문이지.

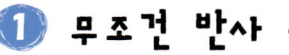

1 무조건 반사 놀이

우리 몸은 갑작스런 자극이 오면 생각하기 전에 자동으로 반응하게 돼. 정말 그런지 해 볼까?

준비물: 친구,  작은 나무 막대

❶ 친구의 얼굴에서 15cm 정도 떨어진 위치에서 갑작스럽게 박수를 친다. 이때 친구가 어떤 반응을 보이는지 본다.

❷ 친구로 하여금 작은 막대로 내 무릎뼈 바로 아래를 살짝 두들기도록 한 후 나의 반응을 살펴본다.

어때? 내가 박수를 침과 동시에 친구는 눈을 질끈 감지? 또, 무릎뼈 바로 아래를 톡 치면 내 의지와 상관없이 다리가 저절로 올라가지? 이처럼 내 의지와 관계없이 자극에 따라 본능적으로 반응하는 것을 '무조건 반사'라고 해. 재채기, 딸꾹질 등도 무조건 반사지.

② 반응 시간 측정하기

자극이 오고 나서 거기에 맞는 반응을 할 때까지는 시간이 걸리는데, 나는 얼마나 빨리 반응을 하는지 알아볼까?

① 두꺼운 종이를 30cm×2.5cm 크기로 자르고, 다른 색깔의 색종이를 5cm×2.5cm 크기로 6개 자른다.

② 자른 색종이를 두꺼운 종이 위에 한 줄로 붙여 반응자를 만든다.

③ 친구의 손을 반응자 밑 2.5cm 위치에 대게 한 후, 갑자기 반응자를 떨어뜨려 어느 위치를 잡는가 본다.

반응자를 떨어뜨리면 친구는 그것을 눈으로 본 후 신경을 통해 '떨어졌다.'는 사실을 뇌로 전달하지. 그러면 뇌가 '잡으라.'는 명령을 내리고, 그 명령은 신경을 통해 손가락으로 전달돼 손가락을 움직여 잡게 해. 그동안 걸리는 시간이 반응 시간. 반응자의 밑 부분을 잡을수록 반응이 빠른 거야.

ㄱ
갈대 109
거짓말 탐지기 124, 132
고기압 62, 68
교감 신경 131
기압 62, 68

ㄴ
눈 100
눈 결정 92
느릅나무 143, 144

ㄷ
데시벨 89
등압선 63

ㅁ
마스킹 효과 99
말초 신경계 131
밀도 149, 160

ㅂ
바람 62
발화점 38
부교감 신경 131
부피 149
불완전 연소 34, 39

ㅅ
소리의 반사 89, 98
소리의 흡수 98
습도 62
신경 124, 131
신경계 131

ㅇ
아르키메데스 163
억새 109
연소 28, 34, 38
연소 생성물 39
온도계 56

완전 연소 39
이산화탄소 29, 39
일산화탄소 18, 29, 39, 40
일산화탄소 중독 17, 29, 40

ㅈ
자극 130
자율 신경계 124, 131
저기압 62, 68
중추 신경계 131

ㅊ
체성 신경계 131
최면 수사 121

ㅎ
헤모글로빈 17, 18
화약 반응 검사 94